AF197569

www.tredition.de

Thomas Kühn

Die Wirklichkeit der Welt

Essays

© 2021 Thomas Kühn

Verlag und Druck:

tredition GmbH, Halenreie 40-44, 22359 Hamburg

ISBN
Paperback: 978-3-347-42143-1
Hardcover: 978-3-347-42144-8
e-Book: 978-3-347-42145-5

Inhalt

„Die Wachenden haben eine einzige und gemeinsame Welt."
Heraklit

Vorbemerkung

Existiert die Welt – uns eingeschlossen - unabhängig von Sinn und Bedeutung, von Wahrheit und Erkenntnis, von Gut und Böse oder ist sie lediglich eine Idee, die wir abhängig von unserer Sprache, Erkenntnis und Wertvorstellung gebildet haben? Oder ist das die falsche Alternative? Können wir vielleicht erkennen, dass es eine Welt gar nicht gibt – nicht einmal als Idee? Ist „Welt" womöglich nur ein Wort, dem nichts entspricht? Jedenfalls *in* der Welt kann ihm nichts entsprechen (sehen wir einmal von der Welt des Motorsports ab). In den vorliegenden Essays versuche ich, mich diesen Fragen zu stellen. Das *Sein* der Welt ist der Ausgangspunkt, so werde ich argumentieren, all unserer Bemühungen, auch um Moral, Rationalität und Sinn. Das Sein kommt *vor* dem Sollen, und aus einem Sein folgt kein Sollen mit Notwendigkeit – diese Einsicht David Humes erweist sich als wichtig nicht nur für Fragen der Moral, sondern auch der Ontologie. Das Sein kommt nämlich noch vor dem *Sinn* (selbst vor dem „Sinnfeld"). Was ist, ist unabhängig von unserem Glauben, Meinen und Wissen, sonst hätten unsere geistigen Einstellungen keinen Inhalt. Dies Existenzpostulat korrespondiert mit der Erkenntnis unserer metaphysischen Freiheit. Die Welt existiert *vor* und *jenseits* aller Beschreibung, auch vor aller moralischen und rationalen Festlegung. *Wir* entwerfen Moral und Vernunft, weil wir von keiner Notwendigkeit dazu gezwungen sind, einen bestimmten moralischen oder rationalen Pfad zu beschreiten. Daher wählen wir, was uns gut, was uns sinnvoll erscheint. In einer losen Folge von Essays, deren Herzstück die Auseinandersetzung mit der Behauptung von Markus Gabriel darstellt, die Welt existiere nicht, entwickle ich in diesem Buch die Idee eines ontologischen Holismus, der mit einem epistemischen und semantischen Pluralismus vereinbar ist. Denn *unsere* Erfahrung der Welt ist selbstverständlich an die Erkenntnisbedingungen unserer Spezies geknüpft. Das bedeutet vor allem, dass die solcherart holistisch verstandene Welt ontologisch unabhängig, jedoch epistemisch und semantisch abhängig von jedem Erkenntnissubjekt ist. *Dass* etwas existiert, nennen wir Welt, gleichgültig, *was* es sei, *wie* wir es erkennen und *wie* wir es nennen. Aber Sein geht keinesfalls in seiner Beschreibung auf. Mit den Worten Sartres: Die Existenz geht der Essenz voraus. Wir selbst treten als (sehr unvollkommene) Schöpfer von Sinn, Wert und Bedeutung auf den Plan. Diese philosophische Position beansprucht keineswegs, „neu" zu sein; eher versuche ich, sie in der Auseinandersetzung mit zeitgenössischen Positionen neu zu denken. Vorliegender Band ist eine überarbeitete und erweiterte Neuauflage von „Die Selbstverständlichkeit der Welt."

Wünsdorf, 20.10.2021

Ich bin, also existiert die Welt

Spätestens seit der „Revolution unserer Denkungsart", die Immanuel Kant im Alleingang entfacht hatte, gilt die Welt als Fiktion oder Illusion – in den Worten Kants als „regulative Idee" der reinen Vernunft. Ein Konzept, das uns hilft, unsere Erfahrungen, aber mehr noch unsere Innen- und unsere Außenwelt zusammenzuhalten. Umso verwunderlicher wirkt die Vehemenz, mit der seit wenigen Jahren öffentlich abermals die Inexistenz der Welt diskutiert wird. Unter keinem Betracht ist dies eine neue These, originell ist allenfalls die dahinterstehende Idee, die Wirklichkeit zu rehabilitieren, indem man ihren allumfassenden Sinnzusammenhang bestreitet; den Sinn im Kleinen zu bewahren, indem man die Idee des Großen und Ganzen für sinnlos erklärt. So als wäre die Wirklichkeit nur zu retten, indem man sie aus dem Käfig des Monismus befreit, eben aus der Zwangsklammer, das allumfassende Eine und Ganze zu sein. Welt ist different und eben deshalb nicht mehr als (nur eine) Welt ansprechbar. Nicht neu, aber passender seien da allemal unendlich viele verschiedene Welten („Sinnfelder"). Schließlich sei es schlicht logisch absurd, sich die Welt als Bereich aller Bereiche vorzustellen, denn dann müsste sie sich selbst enthalten; auch sei es begriffslogisch Unsinn, sich die Welt nach dem Dingschema als kohärentes Ganzes vorzustellen, weil man zwar auf ein Ding referieren könne, aber eben nicht auf die Welt. All das ist nicht neu und galt auch nie als Anlass, die Inexistenz der Welt zu behaupten, weil klar war, dass mit diesem Begriff im philosophischen Sinn einfach alles gemeint ist, was es gibt. Was der Weltkritiker übersieht, ist die Banalität, dass die Wirklichkeit, die er rettet, mit dem identisch ist, was jeder bereit ist, Welt zu nennen (abgesehen von den derivativen Gebräuchen à la Welt der Mode). Warum hier ein Irrtum vorliegt, wird sich im Laufe der Essays immer wieder – hoffe ich – zeigen. Das Hauptargument des Weltkritikers lautet indes schlicht, dass die Welt als Ganzheit dessen, was es gibt, unterbestimmt sei, da es schließlich auch das gäbe, was es nicht „gibt": Fiktionen, Träume, Illusionen, Wahnvorstellungen. Wäre die Welt nun die Gesamtheit der existenten und der inexistenten Dinge, dann, so das Argument, enthielte das Konzept der Welt einen Widerspruch und die Welt wäre damit logisch erledigt. Aber natürlich stimmt das nicht, denn Fiktionen und Illusionen gibt es schließlich in rauen Mengen. Der Weltbestreiter zählt zu den inexistenten Entitäten auch Weltbilder. Welt- und Menschenbilder sind jedoch Realitäten, sie sind historisch überaus wirkmächtig, wenn sie nicht gar der Motor der Geschichte sind (jedenfalls der Treibstoff bzw. die Energiequelle gravierender Veränderungen). Dass diese Ideen die Realität nicht einfach repräsentieren oder beschreiben, ist kein Einwand gegen sie, denn es ist das Schicksal aller philosophischen Grundbegriffe, wie Wahrheit, das Gute, Sinn und Sein, an der Grenze zum Unsinn zu stehen. Deshalb ist Philosophie ein Abenteuer. Man riskiert seinen Verstand. – Aber der

Reihe nach. Überlegen wir, ob wir alles, was wir kennen, was wir als real oder bedeutsam anerkennen, beschreiben können. „Beschreibung" gilt als Signum eines kognitiv-sprachlichen Zugangs zur Welt. Also: Gibt es eine angemessene Beschreibung der Welt? Nein. Kein Mensch kann sich darunter etwas Sinnvolles vorstellen, zumal völlig unklar ist, was das Adjektiv „angemessen" bedeuten soll. Denn welcher Maßstab wäre der richtige? Oder, genauer gefragt: Welcher Maßstab wäre angemessen? Man sieht allein an dieser Frage, dass wir in einen infiniten Regress hineingeraten. So fragte Kant beispielsweise auch nicht, welcher Erkenntnismaßstab angemessen wäre, sondern welchen wir faktisch hätten. Mit seiner Antwort lag er jedoch daneben. Die Kategorien des reinen Verstandes (wie Raum, Zeit und Kausalität) sind weder hinreichende noch notwendige Bedingungen der Erfahrung. Eine objektiv angemessene Beschreibung der Welt kann es nicht geben, weil es keinen objektiven Maßstab gibt. Der Glaube eines Pythagoras, Platon oder Galilei, diesen objektiven Maßstab in der Mathematik gefunden zu haben, ist spätestens seit der Grundlagenkrise der Mathematik in der ersten Hälfte des 20. Jahrhunderts philosophisch fragwürdig geworden. Die Idee einer angemessenen und vollständigen Beschreibung der Welt scheint also selbst unangemessen, denn unvorstellbar scheint eine solche Ausweitung unserer Vorstellungskraft. Existiert deshalb die Welt nicht? Nein, denn die Prämisse, dass nur existiert, was beschreibbar ist, läuft auf die

Tautologie hinaus, dass wir nur auf das mental oder sprachlich referieren können, was wir beschreiben können (worauf wir also mental oder sprachlich uns beziehen können). Wahrscheinlich gibt es keine angemessene Beschreibung von irgendetwas, sondern allenfalls nur perspektivische Annäherungen, eindimensionale Fokussierungen. Bruchstücke eines wahren Portraits der Welt. Eine krass unangemessene Beschreibung der Wirklichkeit der Welt hat indes mittelbare und unmittelbare Auswirkungen auf unser Fühlen, Denken und Handeln, also auch darauf, wie wir mit der Wirklichkeit umgehen. Wir können die Welt verfehlen, aber niemals treffen. Denn wir haben zwar ein Verhältnis zur Wirklichkeit und nicht nur zu einzelnen Situationen, Personen, Sachverhalten. Aber die Welt tritt uns nie nackt („an sich") entgegen. Wir können die Welt nur durch eine spezifische Optik erfahren und erkennen: durch die des transzendentalen Idealismus Kants oder des neurobiologischen Konstruktivismus Roths oder der Keine-Welt-Anschauung Gabriels: Jeweils erscheint uns auch das, was wir sehen, in anderem, fremdem Licht. Beschreibe ich ferner die Wirklichkeit in den Kategorien der mathematischen Naturwissenschaften, dann verliert die Realität des Subjektiven, Individuellen und Qualitativen an Relevanz. Dies geschieht generell, lasse ich mich von stark objektivistischen Vorstellungen leiten. Beschreibe ich hingegen die Welt nur als Spiegel meiner Gefühle und Gedanken, dann verfehle ich den Exit aus dem

Solipsismus — die Anerkennung der Wirklichkeit, die weder von meinem Willen noch von meinen Vorstellungen abhängt, jedenfalls zu allergrößten Teilen. Aber was wäre das: eine angemessene Beschreibung? Ihr müsste eine angemessene metaphysische Grundhaltung korrespondieren, die als die wahre ausgezeichnet wäre. Vergeblich sucht man aber in den Werken der Weltliteratur, der Kunst, der Philosophie und in den Wissenschaften nach einer wahren Beschreibung auch nur eines Augenblicks in einem beliebigen Leben. Auch wenn die Höhe der künstlerischen und wissenschaftlichen Meisterschaft genau darin zu bestehen scheint, das anvisierte Phänomen minutiös zu beschreiben, so ist selbst die detaillierteste Beschreibung kein Qualitätssiegel für Angemessenheit in der Erkenntnis und Beschreibung dessen, was ist. Woran liegt das? Ich vermute, der stilprägende Blick aufs Ganze ist verloren und nicht wiedergewonnen worden, so dass die Obsession des Details, der Fanatismus der Nuance Feste feiert. Was wäre ein Kriterium der Angemessenheit? Ich schwanke: es kann kein theoretisches Kriterium allein sein, denn die Erkenntnis genießt keinen Vorzug gegenüber dem Sein. Es kann aber auch kein praktisches allein sein, denn das Handeln an sich hat keine Bedeutung, wenn es nicht gedeutet wird. Indem ich das aber so formuliere, wird deutlich, dass auch das Handeln nur im Kontext einer Sinnzuschreibung bedeutungsvoll ist. Die sich hier nahelegende Forderung nach einer Übereinstimmung von Erkennen und Handeln würde aber die Frage der Angemessenheit in das Subjekt selbst, in mich, hineinverlegen. Die Frage nach der Welt scheint zu verschwinden. Warum ist die Frage nach einer angemessenen Beschreibung der Welt wichtig – wenn sie wichtig ist? Vielleicht ist diese Frage schon unangemessen? Der philosophische Diskurs war ohnehin lange Zeit von der Frage nach der epistemischen Bedingung der Möglichkeit angemessener Beschreibung geprägt, also von Kants Frage: Was kann ich wissen?

Die neuzeitliche Philosophie ist durch die epistemologische Wende gekennzeichnet. Das Erkenntnissubjekt erweist sich aber als unzuverlässige Quelle von Wissen und Gewissheit. Am Ende der erkenntniskritischen Tour de Force steht der Verlust der Welt-Idee, stattdessen haben wir Idealismus, Konstruktivismus und Relativismus und alles darbt im Schatten der skeptischen Bedrohung. Doch woher kommt der Skeptizismus? Ich vermute: Aus der übergroßen Sehnsucht nach dem wahren Ausdruck dessen, wessen jeder sich zutiefst gewiss zu sein glaubt: diese Welt, mit all ihrem Schmerz und Glück, mit ihrer Stupidität und ihrer Schöpferkraft, mit ihrer Biodiversität und menschlicher Technologie, mit all ihren Fakten und Fiktionen ist wirklich, sie ist real, jedes Staubkorn, jeder Traum, jede Illusion und jeder Mensch existieren wirklich. Aber eben eine vollkommene Beschreibung dieser Wirklichkeiten scheint unmöglich, auch und gerade, weil alle Erkenntnisansprüche im

Diskurs epistemisch und veridisch gerechtfertigt werden müssen. Welt kann nur im Modus des Weltbezugs kenntlich gemacht werden. Der Weltbezug kann aber nur als Aspekt der Welt verständlich gemacht werden. Eine vollständige Rechtfertigung ist nicht möglich. Dass eine Welt sei: eine Behauptung. Jeder Weltbezug kann nur intersubjektiv und interdiskursiv artikuliert werden – selbst diese Behauptung steht in Überlappungs- bereichen diverser Diskursfelder. Damit ist klar, dass jeder Erkenntnisanspruch als Wahrheitsanspruch von irgendjemandem vertreten wird und von jedem anderen zurückgewiesen werden kann im Spiel des Gebens (und Nehmens) von Gründen. Aber Diskurs- und Argumentationsregeln scheinen wandelbar und ebenfalls nicht kritikimmun zu sein. In dieser Perspektive stehen alle Aussagen zur Ontologie unter epistemischem und veridischem Vorbehalt. Die Epistemologie als prima philosophia ist aber Opfer des Münchhausen-Trilemmas geworden – es besteht für die von Ontologie freier Erkenntnisbegründung nur die Wahl zwischen einem Regress, einem Zirkel oder einem dogmatischen Abbruch. Immer mehr schält sich heraus, dass ontologische und epistemologische Frage- stellungen nicht getrennt voneinander behandelt werden können, ohne dass indes weder der Ontologie noch der Epistemologie die Vorrangstellung gebührt. Stattdessen gilt der Slogan: Keine Welt ohne Ich, kein Ich ohne Welt. Bestreitet jemand die Existenz der Welt, dann bestreitet er lediglich ein bestimmtes Was- und

Wie-Sein der Welt. Andernfalls fiele er diesem gewagten Coup selbst zum Opfer. Dass es etwas gibt und dass wir dies Etwas „Welt" nennen, kann indes niemand bestreiten, ohne seine eigene Existenz zu bestreiten; über das Was und Wie lässt sich dagegen trefflich diskutieren. Dass Welt und Ich existieren – und dies gilt für jedes Ich - ist das brutum factum unserer Rede, während das Was-und-Wie-Sein sich in bunten, üppigen Beschreibungen wiederfindet.

Das, was der Begriff „Welt" extensional umfasst, ist kein singulärer Gegenstand der Erkenntnis, sondern die Grundbedingung von Denken, Fühlen, Handeln und – menschlichem Dasein. Zu dieser Extension gehört beispielsweise die Existenz der Erde in unserem Sonnensystem als Teil eines Spiralnebels, der mit dem gesamten Universum expandiert. Ebenso gehört das Vorkommen von Lebensformen dazu und deren Evolution bis hin zum Menschen. Im Gegensatz zum Apriorismus von Descartes und den verschiedenen Spielarten des Idealismus und Konstruktivismus, die die „Welt" durch die Hintertür apriorischer Selbstvergewisserung des epistemischen Subjekts hereinzaubern oder sie aus dem Hut eines imaginierten „realen" Gehirns herauszaubern, scheint es also zunächst angemessener, die „Welt" nicht draußen vor der Tür der Erkenntnis stehen zu lassen, nur weil sie scheinbar jeden epistemischen Rahmen sprengt. Sie ist immer schon da als notwendige Voraussetzung unserer eigenen Existenz: Ich bin, also existiert die Welt. Diesem

Modus ponens liegt das Konditional „Wenn ich bin, dann existiert die Welt." zugrunde. Man bedenke: das „Ich bin" ist eine hinreichende Bedingung für die Welt, keine notwendige, während umgekehrt die Welt eine notwendige Bedingung für meine Existenz ist. Gäbe es keine Welt, würde ich nicht existieren. Die Existenz der Welt schließt jedoch meine Existenz nicht notwendig ein. Analog liegt dem Ich denke, also bin ich von René Descartes das Konditional „Wenn ich denke, dann bin ich." zugrunde. Also: Ohne Ich auch kein Denken. So wenig wie ein Subjekt bestritten werden kann, wenn ihm eine Tätigkeit zugeschrieben wird, genauso wenig kann die Existenz der Welt bestritten werden, wenn man die Existenz eines Subjekts zulässt. Die Welt kann in ihrer Existenz nicht bestritten werden, allenfalls kann bestritten werden, dass es „die" Welt sei, deren Existenz für meine notwendig sei. Vielleicht handelt es sich nur um „eine" Welt oder „meine" Welt. Aber verstehen wir unter Welt „alles, was es gibt", dann folgt aus meiner Existenz zwingend die Existenz einer – wie auch immer beschaffenen - Welt. Gäbe es nur mich, dann wäre ich meine Welt (Wittgenstein). Hätte der (subjektive) Idealismus oder der Konstruktivismus recht, dann gäbe es nur mich und meine Konstrukte bzw. es gäbe dann nur meine Konstrukte, denn auch ich wäre eines von ihnen; wobei dann unklar bliebe, wer deren Urheber wäre – es wären dann nicht einmal „meine" Konstrukte, sondern herrenlose Seifenblasen. Extensional ist die Welt die offene Gesamtheit dessen, was ist, was existiert. Welche konkreten und/ oder abstrakten Entitäten zur Welt gehören, ist aus prinzipiellen Gründen offen, da es eine Eigenheit der Welt zu sein scheint, dass in ihr Neues entstehen kann. Auch wenn Raum und Zeit selbst zu den Entitäten zählen, deren Realität man anerkennen oder zumindest diskutieren kann, scheinen alle Entitäten in der Zeit zu existieren. Da wir also vermutlich in der Zeit existieren, die Zeit aber unabgeschlossen ist, ist auch die Gesamtheit dessen, was ist, unabgeschlossen. Es ist keine Gesamtheit im Sinne einer definiten Menge; es ist eine offene Gesamtheit, eine Totalität ohne Grenzen. Diese sowohl zeitlich und räumlich als auch ontisch und mental offene Gesamtheit ist daher kein Gegenstand der Erkenntnis, sondern kann nur als Gesamtheit induktiv erschlossen oder konstruiert werden. Das heißt aber nicht, dass die aktuale Wirklichkeit eine Konstruktion wäre. Allenfalls ist die mentale Konzeption von Welt und Selbst eine aktive Synthese aus den jeweils aktualen Wirklichkeiten. Zu dieser Synthese gehört auch die Erkenntnis, dass die vergangene Wirklichkeit als kausale und kreative Wirklichkeit in ihren Konsequenzen präsent bleibt. Ein Mord, der in der Vergangenheit verübt wurde, ist jetzt wirklich in dem Umstand, dass ein Leben gewaltsam zerstört wurde und jetzt zerstört ist und immer zerstört sein wird. Auch vom aktualen Zustand des Universums, der Leben auf der Erde ermöglicht, kann man sagen, dass jeder aktuale Zustand ein Ergebnis aller vorherigen ist. Während es diese Kausalgeschichte gibt, ist die Idee, dass es diese Kausalgeschichte gibt, eine Synthese oder Konstruktion. Da wir nicht das Universum sind, sondern das Universum denken, während wir zugleich selbst zeitlich existieren und immer nur auf der Höhe unseres aktualen Bewusstseins denken und handeln können, ist die Idee dieser Ganzheit – einer Welt, die mindestens ein Selbst enthält – eben nur ein Gedanke, den wir aufgrund unserer Erfahrung mit Inhalt füllen.

Ohne diese Idee könnten wir aber keine Erfahrungen haben, die wir zu einem Ganzen verbinden. Insofern muss man Kant dahingehend zustimmen, dass es eine apriorische Initiation in die Wirklichkeit geben muss. Da jede Erkenntnis eine besondere Erkenntnis ist oder, wie Hegel es formulierte, die Wahrheit konkret sei, ist sie eingebettet in eine Gesamtheit, von der sie abgesondert wird, die aber ihrerseits nur erschlossen, nicht erkannt werden kann. Jede Erkenntnis – jede Erfahrung, jede Wahrnehmung, jede Beobachtung, jede Schluss-folgerung – findet vor einem Hintergrund statt, der jederzeit in den Vordergrund treten kann – je nach Aufmerksamkeit und Fokussierung. Es mag so der Eindruck mehrerer Dimensionen der Wirklichkeit oder gar der Existenz mehrerer Welten entstehen. Aber das Postulat mehrerer Welten ist inkohärent, wenn es impliziert, dass diese Welten gegeneinander vollständig abgeschottet seien; sobald ich die Möglichkeit habe, zu einer anderen Welt Kontakt aufzunehmen, wird sie zu einem Teil „meiner" Welt; habe ich diese Möglichkeit nicht, dann kann ich auch kein Wissen um andere

Welten haben; sie wären reine Spekulation, reine Möglichkeit. Gehen wir davon aus, dass „Sein" oder „Wirklichkeit" sich immer auf das real Seiende bezieht, dann schließen wir auch aus, dass „mögliche Welten" existieren. „Mögliche Welten" existieren nicht wirklich, sondern eben möglicherweise – dann in Form von Gedanken, die sich nicht deskriptiv und konstatierend auf Faktuales, sondern Fiktionales beziehen, das logisch und kausal mit dem Realen vereinbar erscheint. So schließt meine Existenz als biologischer Organismus mit sexueller Reproduktionsstrategie meinen Tod kausal ein und logisch nicht aus. Möglichkeit besteht nur in Bezug auf das, was noch nicht der Fall ist – also auf die Zukunft. In Bezug auf die Vergangenheit wäre Möglichkeit kontrafaktische Spekulation. Daher ist es auch nicht sinnvoll, von vielen aktuellen Welten zu reden, von Multiversen, als gäbe es mehrere abgeschlossene Gesamtheiten dessen, was ist. Denn es gibt zwar nur eine Wirklichkeit, aber beliebig viele Möglichkeiten sind denkbar. Allenfalls im metaphorischen Sinne gibt es mehrere unabgeschlossene Gesamtheiten: die Gesamtheit aller Nike-Turnschuhe oder die Gesamtheit aller Schrippen. Wenn aber irgendwann einmal keine Nike-Turnschuhe oder Schrippen mehr hergestellt werden, dann kann man von endlichen, abgeschlossenen Gesamtheiten reden. Alle speziellen Gesamtheiten sind abschließbare – endliche, zählbare - Gesamtheiten. Retrospektiv sind alle Tatsachen der Welt endlich und abzählbar – jedenfalls theoretisch -, prospektiv aber nicht. Die lokalen Gesamtheiten konstituieren sich aber nicht als separate Welten, sondern als Aspekte einer Wirklichkeit, die sich darin realisiert, dass ich beispielsweise zum Bäcker in meinen Nike-Laufschuhen jogge, um Schrippen zu holen. Was und wie die Welt ist, lässt sich nicht mit der gleichen Bestimmtheit sagen wie das, dass eine Welt ist. Auch warum eine Welt ist, kann nicht mit Bestimmtheit festgestellt werden, weil wir dazu die Herkunft von Raum, Zeit, Materie, Energie, Leben und Bewusstsein sowie der Naturgesetze erkennen können müssten. Es ist zudem unklar, nach welcher Art von Ursache man hier fragen kann. Umso faszinierender ist unsere Erkenntnis, dass das Universum räumlich endlich und offenbar – wie alles in ihm – selbst von begrenzter Dauer und Ausdehnung ist. Es kann also ein Zeitpunkt angenommen werden, zu dem die Geschichte des Universums mitsamt allen intelligenten Bewohnern zu Ende sein wird. Entsprechend der kosmologischen Standardtheorie wird es dann auch weder Zeit noch Raum oder Masse und schon gar keinen Beobachter mehr geben, weil diese Konstituenten unserer Welterfahrung an das expandierende Universum geknüpft sind. Die Frage, ob es dann nichts – also keine Welt - mehr geben wird, lässt sich allerdings ebenso wenig beantworten, wie die Frage, ob es vor der Entstehung des Universums „etwas" oder „vielmehr nichts" gegeben habe. Ich setze hier voraus, dass das raum-zeitlich verfasste, materiell-energetische

Universum mit der Gesamtheit dessen, was ist, identisch ist; dass also auch alle Bewusstseinsphänomene nur als Vorkommnisse dieses Universums existieren. Das wirkliche Universum zu verstehen, bedeutet, auch Bewusstseinsphänomene zu verstehen. Das bedeutet – worauf Thomas Nagel immer wieder zurecht aufmerksam gemacht hat -, dass wir so lange auch kein umfassendes Verständnis der Physik, Chemie und Biologie des Universums haben, solange wir keine angemessene Theorie des Geistes haben. Und eine angemessene Theorie des Geistes haben wir erst, wenn wir Physik und Phänomenologie zusammendenken können. Der semantischen Opposition von Geist und Materie entspricht kein ontologischer (substanzieller) Dualismus, denn alle geistigen Phänomene haben physische Eigenschaften, aber nicht alle physischen Phänomene haben geistige Eigenschaften. Geistige Phänomene bilden eine Teilmenge der physischen Phänomene. So sind Gehirne als Teil eines lebendigen Organismus zugleich physische Phänomene mit geistigen (semantischen und epistemischen) Eigenschaften. Diese skizzierte Sichtweise lässt sich als *ontologischen Holismus betrachten, der mit einem semantischen und epistemischen Pluralismus vereinbar ist*. Dieser Holismus ist in Bezug auf die Ontologie gerechtfertigt. Nicht jedoch in Bezug auf die Sprache oder andere Symbolsysteme -, weil alle Symbolsysteme aufgrund ihrer semantischen und pragmatischen Funktionen auf die Welt hin orientiert sind. Die Welt aber ist auf nichts hin orientiert, mithin ist sie die einzige Ganzheit, die es überhaupt gibt. Da sie auf nichts außer sich verweist, ist sie extern oder sub specie aeternitatis ohne Sinn und Zweck. Im Unterschied zu einem ontologischen Monismus ist der ontologische Holismus nicht auf einen Substanzbegriff festgelegt, der aller Wirklichkeit zugrunde liegt, sondern lediglich darauf, dass die Wirklichkeit nur genau eine sei, wenngleich sie allein in unterschiedlichen, logisch nicht aufeinander reduzierbaren epistemischen Perspektiven und Semantiken beschrieben werden kann. Die Welt ist ein Ganzes, das sich nicht als Summe seiner Teile auffassen lässt. Das wäre andernfalls so, als würde man die belebte und unbelebte Natur lediglich anhand des Periodensystems der Elemente beschreiben. Dabei sind meine chemischen Grundbestandteile – Kohlenstoff, Stickstoff, Wasserstoff, Sauerstoff etc. – überall in der Atmosphäre bunt verteilt. In diesem Sinn lässt sich die Welt auch nicht inventarisieren – als könnte man die Elemente der Welt aufzählen und sie damit vollständig beschreiben; aus dem gleichen Grund ist die Welt keine Menge, auch keine Super-Menge (keine Menge aller Mengen, kein Bereich aller Bereiche), denn die Metapher der Menge suggeriert, dass man die Welt beschreiben kann, indem man alles aufzählt, was in ihr vorkommt (nach Merkmalen sortiert). Die Idee, dass die Welt am besten holistisch beschrieben werden kann, impliziert, dass die Vorstellung, man könne die Welt auf elementare Daten reduzieren, falsch sein muss; ebenso ist damit ausgeschlossen, dass es keine Welt gibt. Denn da ich existiere, gibt es zumindest „meine Welt". Da diese Idee einer je meinigen Welt nicht kohärent vertreten werden kann, kommt man zwangsläufig zur Anerkennung einer von mir ontologisch unabhängigen Welt. Ganzheit impliziert nicht Einheit, Sinn oder Verständlichkeit, sondern lediglich, dass die Welt nicht die Summe ihrer Tatsachen ist, dass sie ferner nicht aus ihren Bestandteilen erklärt werden kann und schließlich, dass sie von nichts weiter abhängt, mit dem sie nicht identisch ist. Schließlich ist mit dieser Idee ausgeschlossen, dass die Welt das Produkt einer subjektiven, sei es auch einer göttlichen, Tätigkeit wäre. Welt ist traditionell der Titel für das Ganze der Wirklichkeit und zu behaupten, dass es eine solche Ganzheit nicht gäbe, ist unbegründet. Die Wirklichkeit kann als zerrissen, als fragmentiert, als absurd und widersprüchlich oder als illusorisch und imaginär erlebt und gedacht werden – die Zerrissenheit oder das Absurde könnten aber nicht erfahren werden, wäre die Wirklichkeit keine Ganzheit. Weil die Welt die einzige Ganzheit ist, lässt sie sich auch nicht vollständig beschreiben oder auch nur vollständig kategorisieren oder katalogisieren, wie dies von den Systemtheoretikern versucht wurde, die zwar ebenfalls einen holistischen Ansatz verfechten, aber so tun, als könne man den weltgenerierenden und -regulierenden Charakter von Systemen objektiv beschreiben. Dabei bleibt sowohl das Subjekt als auch das Objekt der

Erkenntnis auf der Strecke. Aus diesen Gründen ist die Welt – als Ganzes der Wirklichkeit – Gegenstand der philosophischen Reflexion und ästhetischen Produktion, aber nicht der Wissenschaften und des Wissens, die es immer nur mit Aspekten der Wirklichkeit und speziellen Phänomenen zu tun haben. Diese Schlussfolgerung erlaubt im Rückblick ein vorsichtiges Urteil: im Begriff der Angemessenheit stecken schon ästhetische und ethische, also praktische Aspekte, deren theoretische Artikulationen nicht wie wissenschaftliche Aussagen wahrheitsfähig sind. Es gibt aber keine spezielle „philosophische Wahrheit", so dass es von der Welt en gros auch kein Wissen geben kann. So ist es wohl angemessener, von einem „philosophischen Glauben" oder einer „philosophischen Kunst" zu reden, wenn wir von der Welt sprechen und nach der Angemessenheit einer Beschreibung fragen.

„Jeder lebt nur in seiner eignen Welt."

Die Rede von „meiner Welt" hat gewisse auffällige Tücken. Denn der Gebrauch des Possessivpronomens „meiner" lässt die Möglichkeiten offen, in deiner Welt, in unserer Welt, in eurer oder ihrer Welt zu leben. Die obige Behauptung will das aber ausschließen, indem sie das Leben in einer je eigenen Welt zum allgemeinen Faktum erhebt. Zum einen kann sie metaphorisch verstanden werden. Genauso wie ich in meiner Wohnung, in meinem Körper, mit oder in meinen Besitztümern lebe, kann ich auch sagen, ich lebe nur in meinen Wahrnehmungen und Gedanken, in meinen Gefühlen und in meiner Welt der Tatsachen. Es ist richtig: ich kann zwar in deiner Wohnung leben, aber nicht in deinem Körper und ich kann die Welt auch nicht mit deinen Sinnen wahrnehmen oder mit deinen Gedanken denken. Folgt daraus aber, dass ich die Wahrnehmungen, Gefühle und Gedanken, die du hast, nicht haben kann? Offenbar liegt eine Doppeldeutigkeit im Gebrauch des Possessivpronomens, die mit der privilegierten Ich-Perspektive etwas zu tun hat, also mit der Idee der Privatheit von Gefühlen und Gedanken, allgemeiner mit Bewusstseins-zuständen. Offenkundig bedeutet „mein" jeweils etwas anderes: diesen bestimmten Koffer, von dem es viele Exemplare gibt, besitze ich, weil ich ihn gekauft habe (o.ä.); diese bestimmte Frau, die es nur einmal gibt, gehört zu mir (daraus leite ich vielleicht bestimmte Rechte ab, z.B. das Recht auf Vertrauen, Treue, Ehrlichkeit, Zugehörigkeit etc.), meinen Körper gibt es ebenfalls nur einmal, aber ich bin ihm auf andere Weise „verbunden" als meiner Frau. Mein Körper ist einerseits ein öffentliches Phänomen, er existiert ja physisch und hat bestimmte materielle Eigenschaften, die ich meinem Ich nicht zuschreibe. Mein Körper und meine Existenz hängen auf eine Weise zusammen, die es schwierig macht, mir ihn ohne mich und mir mich ohne ihn vorzustellen – was im Fall meiner Frau schon leichter ist. Zu sagen, ich bin mein Körper, hat auch seine Tücken, denn ich kann das zumindest sprachlich nicht kohärent artikulieren. Immerhin behaupte ich die Identität zwischen mir und dem Körper, der mir gehört. Sage ich statt „ich schau mich im Spiegel an" „mein Körper schaut sich im Spiegel an" – wo steckt dann dies ominöse Ich? Natürlich in im Possessivum „mein" und ich bin so klug als wie zuvor. Sage ich „mein Gehirn konstruiert sich ein neuronales Bild von seinem Körper", stehe ich vor dem gleichen Problem. Immerhin kann ich die Sprache, die du benutzt, um deine Gedanken, Gefühle und Wahrnehmungen auszudrücken, auch benutzen und ich kann sie auch verstehen, wenn du von deinen Gedanken etc. berichtest. Die Tatsache, dass jemand Gedanken etc. hat, heißt nicht, dass nur er sie hat. Nun beziehen sich deine Gedanken, Gefühle, Wahrnehmungen auf etwas, was du nicht hast, beispielsweise mein Buch oder meine Frau oder meinen Laptop. Wenn du durch die Stadt fährst, siehst du lauter Dinge, die du nicht besitzt. Du hast zwar nur deine Wahrnehmungen, aber das, was du wahrnimmst, gehört nicht nur zu deiner Welt, sondern auch zu meiner Welt. Also kannst du gar nicht nur in deiner Welt leben. Außer du interpretierst den Satz streng solipsistisch, dann existieren ich und mein Buch auch nur in deiner Welt. Zu behaupten, dass für jeden nur das Wirklichkeit ist, was er selbst wahrnimmt, denkt etc., würde implizieren, dass beispielsweise mein Buch streng genommen dir gehört. Denn du hättest nicht die Möglichkeit, wenn deine Annahme zuträfe, meine Existenz und meine Besitztümer anzuerkennen. Weder als Existenz noch als Besitztümer: Ich und mein Buch würden gar nicht existieren, wenn sie nur für dich existieren würden. Es ergibt sich ein weiteres Problem aus der Verallgemeinerung „Jeder". Wenn „jeder" in „seiner" Welt lebt, dann können für keinen andere Welten existieren – die er aber doch zugleich behauptet. Dann wäre auch das Possessivpronomen „mein" überflüssig, denn „dein" oder „unser" gäbe es nicht. Der Satz ist paradox, denn, wenn er wahr wäre, dann würde es nur meine Welt geben. Wenn ich aber andere Welten zugestehe, was ich mit dem Satz ja tue, dann kann ich schon nicht mehr behaupten, dass jeder ganz streng genommen nur in seiner Welt lebt, denn dann würde ich ja meine Welt auf andere Welten hin öffnen. Auch das „Jeder" schließt eine gemeinsame Welt ein, in der jeder für sich und für andere existiert. Sobald ich auch nur die Existenz eines anderen anerkenne, lebe ich schon nicht mehr nur in meiner Welt. Die Sätze „jeder lebt (nur) in seiner eigenen Welt" oder „jeder hat (nur) seine

Wahrnehmungen, Gedanken, Gefühle" sind also aus logischen Gründen unhaltbar, da sie einerseits keine Perspektive zulassen, von der aus über jeden geurteilt werden kann; andererseits benutzen sie eine solche Perspektive, indem sie eben über jeden urteilen. Ließen sie nämlich eine solche universelle Perspektive zu, dann wären sie falsch, dann kann gar nicht jeder nur in seiner Welt leben, sondern eben – zumindest zum Teil – lebt jeder auch mit und in der Welt der anderen. Dies aber ist nur denkbar, wenn alle in einer gemeinsamen Welt leben, in der sie sich auf die Erkenntnis dieser Welt einigen können, wenn sie es wollen und wenn sie die Befähigungen dazu haben. Die Tatsache, dass jeder nur seinen Körper, seine Gefühle, Gedanken und Wahrnehmungen hat, impliziert also nicht, dass er nur in seinen Wahrnehmungen existiert, denn der Körper ist ebenso wie geistige Zustände und Eigenschaften zum Teil öffentlich für andere wahrnehmbar, erkennbar. Zugleich ist der Körper mit seinen Organen und Sinnesleistungen ein Teil der physischen Welt, die unabhängig von meinem Denken, Wahrnehmen etc. existiert. Anders verhält es sich auf dem ersten Blick mit dem Solipsismus, denn der Satz: „Ich lebe (nur) in meiner Welt." ist weder beweis- noch widerlegbar, da ja weder allgemeine Beweisverfahren noch andere Personen existieren bzw. erkennbar sind. Fraglich ist zwar das „Ich", da es in einer Reihe anderer Personalpronomen steht. Fraglich ist ferner die Existenz einer Sprache, die ja auch vollständig meine Sprache sein muss. Aber es ist denkbar, dass alles, was ich wahrnehme, fühle, denke, sage (und höre) nur meine Welt konstituiert. Diese Welt wäre aber keine Welt der Tatsachen, Eigenschaften und Gegenstände, da ich keine Möglichkeit hätte, sie mit Tatsachen einer Welt, die nicht die meinige ist, zu vergleichen. In dieser meiner Welt wären Tatsachen und Fiktionen, wahr und falsch gleichbedeutend und damit gleichgültig. Es gäbe für mich keine Außenwelt, da innen und außen identisch wären, es gäbe auch keine materiellen Gegenstände im Unterschied zu geistigen Phänomenen, es gäbe kein Fremdpsychisches und kein Eigenpsychisches, ich hätte nicht einmal die Möglichkeit, festzustellen, dass ich nur in meiner Welt lebe. Ich hätte kein Bewusstsein und auch nicht die Chance dazu, meine Welt als meine Welt zu erkennen, da ich weder von einer objektiven Welt noch von der binären Korrespondenztheorie der Wahrheit noch von anderen Personen mit einer eigenen Denk-, Wahrnehmungs- und Erkenntnisfähigkeit etwas wüsste. Kurz, der Satz „Ich lebe in meiner Welt" ist selbstwidersprüchlich und ebenso wenig zu halten, wie der Satz „Jeder lebt (nur) in seiner Welt.": Wäre er wahr, könnte ich ihn nicht einmal denken. Wo diese Behauptung dennoch aufgestellt wird, kann sie ganz unterschiedliche Funktionen haben. Zum einen ist sie eine Schutzbehauptung, die das Ich zum Selbstschutz gegen zu großen Rechtfertigungsdruck machen kann. Zum anderen leben tatsächlich viele Menschen mit einer Selbstimmunisierungsstrategie, die sie vom Realitätsprinzip entlastet. Die Tatsache, dass viele Menschen in ihrer Welt leben wollen und jeden Kontakt mit einer kritischen, unangenehmen „Außenwelt" meiden wollen, die ihre Welt- und Selbstkonzepte falsifizieren könnte, bestätigt aber gerade die Falschheit des Satzes. Denn je mehr ein Mensch sich in seiner Welt isoliert, desto größer wird die Welt, die er dabei ausschließt und die ihm Widerstand entgegensetzt. Daraus lässt sich ein Vorwurf ableiten: „Du erkennst die wirkliche Welt nicht, weil Du in Deiner eingebildeten eigenen Welt lebst!". Die Behauptung, dass wir alle in einer Welt, in einer Wirklichkeit leben, kann also missbraucht werden, um abweichenden Weltsichten epistemischen Isolationismus, Eskapismus und Solipsismus vorzuwerfen. In Bezug auf ideologisch oder religiös eingeschworene Kollektive lautet der Satz denn auch: „Wir leben in der Wirklichkeit – ihr dagegen lebt in eurer eigenen Welt, also in der falschen!". Er ist sehr problematisch, weil programmatisch alle Diskussionen außer Kraft setzend. Wer diskutiert mit Träumern und Wahrheitsleugnern? Tatsächlich bedeutet eine solche Einstellung im Allgemeinen nichts Gutes, da die gemeinsame Welt durch gewaltsame Interpretationen zur puren „Außenwelt" werden kann, die von Dissidenten der Wahrheit bevölkert ist. Wir scheinen in einem Dilemma festzustecken: Entweder akzeptieren wir die relativistische Rede von „meiner" Welt und „deiner" Welt (analog: „meine" Wahrheit, „deine" Wahrheit"), mit dem Resultat, dass der Irrationalismus siegt; oder wir akzeptieren die Rede von der einen metaphysischen Realität mit dem Resultat, dass abweichende Meinungen als Dissidenz, Eskapismus oder „Angst vor der Wahrheit" stigmatisiert werden: wäre das weniger irrational?

Kommunikation in der Krise

Das Zeitalter, das sich selbst das Label „Informations- und Kommunikationszeitalter" gegeben hat, steckt in der Krise, weil die Art von Information und Kommunikation, die dies Zeitalter favorisiert, in Krisen nicht funktioniert. In Krisen sind Sinn und Zweck gefragt, denn das menschliche Leben versteht sich nur von seiner Subjektivität, Kontingenz und Individualität her. Das einfache Modell, demzufolge Leben und Überleben der Menschheit auf dem Austausch von Informationen basieren, ist vordergründig korrekt, aber in seinem Zweck verfehlt, weil es vom Sinn entkoppelt ist. Auch der Sinn von Information und Kommunikation ist nur von der menschlichen Freiheit und Subjektivität her verständlich: Bedeutsamkeit und Relevanz sind keine Eigenschaften, die Informationen an sich zukommen. Das menschliche Individuum gibt durch sein Fühlen, Denken, Wollen und Handeln Informationen erst ihren Wert und Sinn. Im Mikrokosmos Schule kann man gut beobachten: Was an Informationen produziert und rezipiert – also kommuniziert – wird, wird von allen Seiten oft als sinnlos erlebt und beurteilt und in seiner technischen Funktionalität durchschaut (von Lehrern wie von Schülern): Es dient nur dem Erhalt des Systems „Schule", in dem Lehrer wie Schüler funktionieren müssen. Es hat nur insofern subjektive Bedeutsamkeit, als es für das weitere (soziale, psychische) Überleben oder zumindest Wohlergehen der Schüler und Schülerinnen notwendig ist. Diese Hürde ist aber kontingent und gehorcht keiner intrinsischen Sinnhaftigkeit – was die jahrzehntelangen Diskussionen um die Rahmenlehrpläne, Bildungsziele und Unterrichtsformen nahelegen. Unterwerfen Schüler und Schülerinnen sich den systemimmanenten Evaluationsstandards nicht, steht ihre ganze Existenz auf der Kippe – buchstäblich steht nicht nur ihre soziale und ökonomische, sondern auch ihre psychische und intellektuelle Existenz auf dem Spiel. Dies Beispiel illustriert schlagend, inwiefern der zeitgenössische Begriff der Kommunikation in der Krise steckt. Gerade am Modell Schule zeigen sich besonders verheerend die Folgen eines vom existentiellen Sinn entkoppelten Verständnisses von Kommunikation: die gesamte Existenz des Menschen wird anhand von dürftig algorithmisierten Informationsverarbeitungsprozessen evaluiert: Da gilt dann für den Einzelnen nur hopp oder top. Menschen interpretieren ihre eigene Existenz im Kontext der historisch vorherrschenden Paradigmen von Information und Kommunikation. Wird die digitale Kommunikation zum Standard erhoben, weil sie so wunderbar kompatibel mit den Waren der Computerbranche ist, dann verliert die analoge Kommunikation, in der sich alles lebensweltliche und existentielle Erleben, Verstehen und Verständigen ereignet, an Sinn, Wert und Interesse. Es stirbt schlicht aus bei den digital Natives. Wenn diese sinnhafte, existentielle Dimension in der sogenannten Wissensgesellschaft fehlt – und das Fehlen von Sinn ist allerorten spürbar -, kann nicht mehr adäquat auf Krisen reagiert werden. Sie eskalieren, wie man an der Klimakrise gut erkennen kann: Über kaum ein Thema wurden in den letzten 50 Jahren mehr Informationen angehäuft und global kommuniziert als über den anthropogenen Klimawandel. Aber das Verständnis bleibt ein rein technisches; die Bedeutung – der Zusammenhang mit unserer Existenz, mit unserer Subjektivität – wird selten ganz erkannt. Information und Kommunikation sind, weil im Rahmen der Computertheorie interpretiert, zu rein technischen Kategorien geworden. Wenn unter Information und Kommunikation lediglich das verstanden wird, was auch ein Computer zustande bringt, dann bleibt nur eine flache Version von Kommunikation übrig, die „positive" Daten miteinander logisch und syntaktisch verknüpft und die praktischen Schlussfolgerungen dem Belieben desjenigen überlässt, der im Besitz der Daten und der Algorithmen ist. Mit dem Subjekt verschwindet aber auch die Welt aus dem Fokus. Das algorithmisierte Wissen wird solcherart zu einem Selbst- und Weltsubstitut. Praktisch hat das die Konsequenz, dass Welt und Mensch unter unseren informierten Blicken zugrunde gehen.

Der Nihilismus als Schattenseite der Transzendenz

Der große Wert von Jaspers "Philosophie" von 1931/32 besteht darin, dass er in diesem umfangreichen Werk versucht, die gesamte philosophische Tradition der Welt systematisch auf die Existenz des Menschen zu beziehen, um so die menschliche Existenz philosophisch und die Philosophie existentiell neu zu interpretieren. Dadurch ist zweierlei gewonnen, aber auch zugleich riskiert: zum einen beansprucht er, das Nachdenken über Gott, Welt und Mensch von den Vorsokratikern über Buddha bis zu Nietzsche in seinen Zielen und Grenzen richtig zu interpretieren und auf diese Weise dem Philosophierenden auch heute noch einen intellektuellen und existentiellen Zugang zu sich selbst zu ermöglichen. Damit ist, das muss klar ausgesprochen werden, der Anspruch verbunden, eine gültige und universale Interpretation des Menschen zu liefern, die neben den wissenschaftlichen Menschenbildern der Soziologie, Psychologie und Biologie nicht nur Bestand haben, sondern diese in gewisser Weise auch begründen und begrenzen soll. Zum anderen riskiert er mit eben diesem Anspruch sowohl die philosophischen Traditionen als auch die menschlichen Existenzen in ihrer Komplexität und Vielschichtigkeit zu verfehlen, indem er eine Traditionslinie verabsolutiert (beispielsweise die der Hermeneutik).

Jaspers Existenz-Philosophie wird als Interpretations-ansatz unter anderen nicht expliziert, sondern mit dem

Anspruch einer angemessenen, gültigen Beschreibung entwickelt. Im Kern entfaltet er ein einziges konzeptuelles Modell, das in seiner Schlichtheit frappiert:

Zunächst definiert Jaspers die scheinbar unüberwindlichen Grenzen objektiver Erkenntnis: Der Mensch erkennt sich und die ihn umgebende Welt einschließlich der Mitmenschen nur auf der Basis von Kategorien, generellen Konzepten, die es ihm nicht erlauben, die Dinge und Personen an sich zu erkennen (Kant). Diese Kategorien sind teils angeboren, teils erworben, sie verhindern aber, dass wir etwas erkennen, wie es jenseits jeder kategorialen Betrachtungsweise ist (Kant). Alles Verstehen und Erklären, alles Wissen und Erkennen, alles Fühlen und Wahrnehmen, kurz, der Erfahrungsbegriff ist eingebettet in die Subjekt-Objekt-Spaltung. Ein weiterer daraus resultierender Aspekt, nämlich die Partikularität und Perspektivität jeder Erkenntnis, verhindert umfassendes und wahres Wissen (Nietzsche). Was wir empirisch-positiv erkennen und wissen können, ist zwar gültig und zuverlässig, wenn es methodisch erworben und geprüft wurde, aber es erschöpft nie seinen Erkenntnisgegenstand, weil keine Sache als solche als Gegenstand (Objekt) existiert (Hermeneutik, Phänomenologie). Positives Wissen ist immer nur partikular und relativ auf definierte Gegenstandsklassen und Methoden bezogen wahres Wissen. Dies betrifft in herausragendem Sinn den Menschen selbst, der als er selbst kein Ding unter

Dingen – kein pures „Dasein" – ist, sondern essenziell Denkender, Erkennender, Fragender, Sinn Suchender und Schaffender (Nietzsche, verstehende Psychologie/Psychiatrie). Der Tendenz nach erzeugt der Mensch kategorial ein geschlossenes Weltbild – das „Gehäuse" -, die „positive" Welt der objektiven Dinge, Ereignisse, Zustände, in der er sich selbst einsortiert. Die Endlosigkeit der erscheinenden Wirklichkeiten wird so begreifbar und behandelbar. Dann leitet er aus der Spannung zwischen dem unter Kohärenzforderungen konstruierten „Gehäuse" und der Wirklichkeit jenseits aller Kategorisierungen die Notwendigkeit von Rissen und Brüchen ab: Einzig in der Erfahrung des Widerspruchs und Gegensatzes, des Paradoxen und Absurden, des kategorial nicht Fassbaren oder existentiell Erschütternden öffnet sich für den Menschen der geschlossene Kosmos (hier bekommt der Konstruktivismus in einem negativen Sinn Recht) zum unendlichen Universum der an sich seienden Wirklichkeit hin, in der die unsere Weltorientierung bestimmende Subjekt-Objekt-Spaltung aufgehoben erscheint. Dieser Schritt scheint notwendig, da im Rahmen der Subjekt-Objekt-Dichotomie diese selbst gar nicht erkannt werden kann. Um auch nur denken und sagen zu können, dass in jedem Erkenntnisvorgang ein Denkendes und ein Gedachtes in Erscheinung treten, muss diese Polarität bereits verlassen worden sein. Mit der Polarität greifen aber auch die zweiwertige Logik, deren Herzstück der Satz vom Widerspruch ist, die Ideen der Kohärenz und Konsistenz als Sinnkriterien nicht länger. Dieser Aufbruch des Logischen geschieht in der Grenzsituation, in der wir uns eines umgreifenden, umfassenden, aber nicht mehr begreifbaren, fassbaren Seins gewiss werden können, in dem es aber keine Gegenstände, keine Objekte des Wissens mehr gibt — auch wir als Denkende sind dann nicht mehr die so-und-so charakterisierten Personen. In diesen Grenzsituationen – durch existentielle Krisen, Konflikte, Dilemmata, Katastrophen ausgelöst – liegt die Möglichkeit der Transzendenz, des Übersteigens aller Gegenständlichkeit und Sachlichkeit. In dieser Transzendenz erst – gleichsam ex negativo – erkenne ich mich in meinem wirklichen Sein. Jaspers nennt dies Existenzerhellung, weil ich mir gleichsam in der Grenzsituation erst bewusstwerde, dass ich nicht von der Solidität der „objektiven" Wirklichkeit getragen werde, sondern mich im Bodenlosen und Haltlosen selbst finde als dieser Wollende. Ferner wird die Erfahrung der Krise für ihn zur Erfahrung der Freiheit, in der Menschen sich unvorhersehbar verändern und erneuern und durch Entscheidungen selbst unbedingt binden. Nur in dieser Situation werde ich mir meiner als frei bewusst — negativ frei in dem Sinn, dass ich in meinem Dasein und seiner Gestaltung durch keine Gegenständlichkeit oder Personalität gebunden bin; positiv frei in dem Sinn, dass ich mich als Existenz zu einem bestimmten Dasein entschließe.

Bis hierher zusammenfassend kann man sagen, dass Jaspers' Existenz-Philosophie eine Kritik an allen Welt- und Menschenbildern darstellt, die Welt und Mensch auf einen geschlossenen, plan- und beherrschbaren Bestand reduzieren. Jaspers' Wissenschaftskritik lässt sich so formulieren, dass das wissenschaftliche Weltbild, das die Welt als durch die Kategorien von Raum, Zeit und Kausalität lückenlos determiniert erscheinen lässt, an der irreduziblen Spontaneität des Menschen scheitert: die grundsätzliche Unvorhersehbarkeit seines Handelns wird von Jaspers als erwiesen vorausgesetzt und mit Hilfe der Existenzphilosophie als Erscheinungsweise der Freiheit positiv gedeutet. Frei ist der Mensch, wenn er „im Angesicht" der Transzendenz (aller Bindung, aller Objekte, allen Wissens, aller Anschauung und Logik) als Existenz für sein empirisches geschichtliches Dasein sich entscheidet. Im Ergebnis bekommen wir die Unvorhersehbarkeit und vor allem Unplanbarkeit des individuellen und kollektiven Handelns, das als Geschichte des Individuums und der „Völker" erscheint. Das sieht erst einmal wie ein handlungstheoretischer Irrationalismus aus, der als Voluntarismus und Dezisionismus gedeutet werden kann. Er will ausschließen, dass sich der historische Prozess planen oder vorhersagen bzw. rational rekonstruieren lässt. Der Irrationalismus steht unter dem Verdacht, politisch fatal zu sein. Aber es ist offenkundig, dass Jaspers' Philosophie ihrer ganzen Anlage nach gegen den politischen Voluntarismus und Dezisionismus gerichtet ist. Welches ist das Element seiner Existenzphilosophie, das den Kollaps in einen solipsistischen Voluntarismus verhindert? Es gibt ein entscheidendes Element, das ihn davor bewahrt, einen solipsistischen Voluntarismus zu vertreten oder einen Dezisionismus wie Heidegger: die Kategorie der existentiellen Kommunikation − einer Verständigung, die mehr meint als Informationsaustausch und Gespräch, über alle Grenzen der Zeit, des Raumes und der Sprache hinweg. Diese besondere Art von Kommunikation ist für Jaspers sogar eine der entscheidenden Bedingungen für die Möglichkeit der Transzendenzerfahrung in einem positiven Sinn. Im negativen Sinn − ohne Kommunikation oder in scheiternder Kommunikation, wenn Teilhabe, Mitteilung und Teilnahme ausgeschlossen sind − ist der Bereich jenseits der positiven Welt der Dinge und Tatsachen nämlich leer. Der Nihilismus ist die Schattenseite der Transzendenz. Der nihilistische Wille zum Nichts, zum Scheitern oder zur Zerstörung ist die Schattenseite der Existenz, wenn der Verlust objektiver Gewissheiten und subjektiver Sicherheiten im Glauben, Meinen und Wissen nicht aufgefangen wird durch die authentische und spontane Kommunikation, wie sie nur in der Liebe unter Gleichen möglich ist. Kommunikation steht für Jaspers nicht nur im Zentrum der synchronen Lebensbewältigung − Kommunikation unter Zeitgenossen -, sondern auch und vor allem in der individuellen Identitätsbildung der diachronen Lebensbewältigung. Ohne das Gespräch über die

Jahrtausende hinweg mit der Überlieferung gäbe es für Jaspers keine Kultur und letztlich auch keinen Halt im persönlichen oder kollektiven Zusammenbruch. Kommunikation als Mitteilung, Teilhabe und Teilnahme ist die Bedingung für die Existenzerhellung in der Transzendenzerfahrung, die erst in Krisen- und Grenzsituationen wirklich wird. Bleibt in der Krisen- und Grenzerfahrung die Kommunikation aus, fehlt sie oder wird sie als gestörte und unehrliche erfahren, dann gerät die Erfahrung von Grenzsituationen zur Erfahrung des Nihilismus, in dem jeder Sinn und letztlich alle bindende Wirklichkeit verschwindet.

Auf den Punkt gebracht kann man sagen: Die Subjekt-Objekt-Spaltung ist der Schlüssel zum Verständnis des Werks von Jaspers, denn alle Schlüsselbegriffe seiner Philosophie bekommen von ihr ihren Sinn. Die Weltsicht des naiven Realismus basiert auf der Unbewusstheit dieser Spaltung. Der Idealismus und Konstruktivismus übersteigert die Subjektseite, der Positivismus, Naturalismus und Physikalismus die Objektseite. Die Grenzsituation führt zum Kollaps der Subjekt-Objektspaltung, indem Welt und Ich, Objekt und Subjekt verschwimmen oder verschwinden oder die Plätze tauschen. Beispiele: Ich befinde mich in einer Zwangslage, die mir keine Entscheidung mehr erlaubt – dann erlebe ich in der psychosomatischen Krise die Unerbittlichkeit der objektiven Verhältnisse als körperliches Scheitern. Im Gefühl des Ausgeliefertseins verliere ich mich selbst. Ich kann aber auch die

Objektseite nicht mehr nüchtern beurteilen. Entgegengesetztes Beispiel: In der Verliebtheit scheint mir die Welt selbst die Sprache der Liebe zu sprechen, sie ist nicht nur in mein Gefühl getaucht, sie spricht mich auch selbst liebevoll an. Auch hier verschwimmt die Grenze. Oder in der Paranoia wird die Welt plötzlich zum Agenten und agiert meine geheimsten Ängste aus, deren willenloses Objekt ich werde. Im Angesicht des eigenen Todes: ich sehe zu, wie sich an mir die Unausweichlichkeit eines objektiven, biologischen Prozesses vollzieht; oder: im letzten Schmerz erscheint mir die ganze Welt wie leidend und hoffnungslos. Eine vollständige Überwindung der Subjekt-Objekt-Spaltung ist zwar dauerhaft nicht möglich, aber auch hier gibt es Grade und Ausformungen. Einfach gesagt: eine halbherzige Überwindung führt zu auch psycho-pathologisch beschreibbaren Fehlformen der Objektivität und Subjektivität, in Form der Religiosität oder Ideologiebildung. Eine vollständige Überwindung führt im positiven Fall zur Öffnung auf Transzendenz. Diese ist die absolute, weil nicht mehr in Subjekt-Objekt-Spaltung kategorisierte, mithin auch nicht mehr partikular und relativ erfassbare und beschreibbare Wirklichkeit. Diese Erfahrung wird erlebt als Erfüllung und Seelenruhe. Das beschreibbare Dasein verwandelt sich in Existenz, die sich auf sich gestellt und zugleich geborgen findet. Im negativen Fall – ohne Kommunikation – führt der Zusammenbruch der Sinnhorizonte von Subjekt und Objekt zur Öffnung auf das Nichts (als leere Negation aller Bestimmtheit) und zu einer Existenzerfahrung, die sich auf Nichts gestellt und in der absoluten Ungeborgenheit wiederfindet. Der Schlüssel ist hier die Erfahrung von Kommunikation als dem, was entweder fehlt oder trägt, wenn alles andere nicht mehr trägt. Was will Jaspers mit seiner Existenzphilosophie verständlich machen oder gar erklären? Wie und wodurch ein Mensch sich entscheiden und binden kann, auch wenn alle empirische Erklärung versagt. Jaspers rettet auf die Weise die Vernunft, die auch dann noch trägt, wenn aller Halt verloren scheint. Dies ist aber nur möglich durch die echte, authentische, unplanbare Kommunikation, in der die Selbstoffenbarung und der Appell aus der Selbstoffenbarung vor den Sach- und Beziehungsaspekt treten. Echte Kommunikation als gemeinsame Teilhabe am Umgreifenden über alle Subjekt-Objekt-Grenzen hinweg ist in der Regel der einzige Weg aus der Verzweiflung leerer Transzendenzerfahrung. Es zeigt sich, dass Jaspers eine Möglichkeit aufzeigt, menschliche Psychopathologien existenzphilosophisch zu deuten (Psychologie der Weltanschauungen). Hier kann auch mögliche Kritik ansetzen. Gerade wenn man überlegt, dass er ein entscheidendes Element der Kantischen Freiheits-konzeption opfert: die Allgemeinheit und Widerspruchsfreiheit der Vernunft. Denn Kant sieht ja in der Vernunft die einzige Quelle der Freiheit, da sie ein Handeln aus Gründen ermöglicht und nicht aus

Ursachen. Bedingung dafür war für Kant eben die Einheit von Universalität und Konsistenz – beides Aspekte, die für Jaspers existentiellen Vernunftbegriff scheinbar nicht mehr gelten. Überlegen wir kurz, welches Problem Jaspers mit diesem Interpretationsschema lösen will. Ganz offenbar das kantische Paradox, dass moralische Handlungen aus einer Kausalität aus Freiheit resultieren sollen, Freiheit und mithin die moralische Seite der Handlungen aber niemals Gegenstand von Erfahrung sein können, weil Erfahrung sich immer auf die Empirie bezieht und die ist lückenlos kausal determiniert. Es gibt empirisch und positiv verstanden keine Freiheit, so wenig wie es Werte, Götter oder Vernunft gibt.

Die Frage ist, ob Jaspers das Problem lösen kann. Immerhin übernimmt er Kants Zwei-Welten-Theorie – Noumenon hie, Phänomenon da -, deutet sie aber um: Existenz aus Transzendenz vs. Dasein in Weltorientierung. Psychologisch rekonstruiert: Entscheidung aus der Erschütterung aller Sinnerfüllung und Gewissheit vs. Erfüllung von Daseinspflichten im Erwerb und Ausüben von standardisierten Wissensformen.

Bedeutsam und zugleich problematisch an Jaspers' Ansatz ist, dass menschliches Leben in toto genere als auf das Absolute bezogen gedacht und das im Sinn einer philosophischen Theologie interpretiert wird und, wenn auch nicht konsequent, so doch häufig den Titel „Gott" oder „Gottheit" trägt, wie dies auch bei Aristoteles und

Platon üblich gewesen ist. Wie es scheint, verabsolutiert Jaspers die Traditionslinie der negativen Theologie — Zentralbegriff ist der Deus absconditus – und deutet von dort aus die gesamte menschliche Existenz.

Nun gibt es viele Spielarten von Grenzsituationen, von Weltorientierungen, von glückender und misslingender Existenzerhellung und ebenso von Darstellungen und Bildern für die Erfahrung der Transzendenz – dazu zählt Jaspers natürlich alle Formen der Religion, aber auch Kunst, Mythos, Ideologie und selbst die Wissenschaft in ihrer Idee der Universalität und Wahrheit. Diese ganze Mannigfaltigkeit wird von Jaspers, beginnend mit seiner „Psychologie der Weltanschauungen" (1919), in einem opulenten Werk und in vielen Detailuntersuchungen (zu den großen Philosophen, zu einigen Künstlern und Wissenschaftlern) und in politischen Stellungnahmen (zur Schuldfrage, zur Entwicklung der Bundesrepublik, zur Wiedervereinigung, zur Atombombe) entfaltet.

Diese Interpretation menschlicher Existenz kommt weniger im Stil einer Hypothese daher, die man überprüfen könnte, als vielmehr in Form einer offenbarten Wahrheit, deren einziges Kriterium darin besteht, so schlüssig, nachvollziehbar und umfassend zu sein, dass prinzipiell jeder Mensch sich in ihr wiederfinden kann.

Erkenntnis und Freiheit

Es ist nicht nötig, das Konzept einer menschlichen Natur oder Essenz abzulehnen, um für die menschliche Freiheit Platz zu schaffen, für seine Existenz. Wenn man Sartre den Vorwurf macht, er habe genau dies getan und damit das Konzept der Freiheit der Absurdität preisgegen, dann sollte man bedenken, dass Sartres Grundidee in „Das Sein und das Nichts" genau darauf basiert, dass wir uns zunächst als kontingente Widerfahrnisse begegnen, als sehr spezielle und spezifische Objekte (der anderen), bis wir uns als Subjekte, als Bewusstsein, als Quelle von Sinn und Sein wählen können und unsere Freiheit dadurch realisieren, dass wir die Dinge, zu denen wir durch die anderen gemacht wurden, entweder tatsächlich zu werden versuchen oder eben genau dagegen ankämpfen, um uns selbst neu zu entwerfen. Mit anderen Worten: natürlich haben wir Menschen eine Essenz, ein Wesen: Plastizität und Variabilität in einem Maß, das von sozialen, biologischen und psychologischen Parametern abhängig ist (aber nicht von ihnen determiniert wird). Zwar bestimmt unser Verhältnis zu uns selbst, was wir daraus machen, als was wir uns vorfinden; aber auch dies Vermögen ist nur bedingt wählbar und hängt wesentlich von den Menschen ab, die in unserer Kindheit eine Rolle spielen – und von anderen Zufälligkeiten. Dennoch, auch wenn wir als bestimmte Individuen zur Welt kommen, von den anderen Menschen unserer Mitwelt auf eine bestimmte Weise gedeutet und geformt werden: Wir können gar nicht anders als uns so zu akzeptieren oder abzulehnen, wie wir uns primär gegeben sind. Ja oder Nein. Sind wir unzufrieden mit uns, so formen wir uns nach unseren Entwürfen um (versuchen es immer wieder). Haben wir keinen Erfolg, so hadern wir lebenslänglich oder resignieren und finden uns ab mit dem, was wir nicht ändern können. Wir beziehen nicht nur Stellung zur Welt, sondern immer auch zu uns. Dies Selbstverhältnis bringt Neues und Anderes als das, was uns in die Wiege gelegt wurde, hervor. Unsere Freiheit besteht darin, uns unserer Bedingtheit bewusst zu werden und sie so schon zu überschreiten. So schaffen wir uns und machen uns zu dem, was durch keine materiellen Determinanten vorprogrammiert gewesen ist. Wir sind Wesen, die ihr bestimmtes Dasein immer schon „transzendieren" – indem sie es thematisieren, sich mit sich selbst auseinandersetzen, an sich arbeiten -, selbst dann, wenn sie sich mit ihrer physischen, sozialen, emotionalen, kognitiven Erscheinungsform identifizieren. Auch wenn ich der werde, zu dem andere und meine Biologie oder mein Milieu mich gemacht haben, liegt dem meine Wahl zugrunde: Ich akzeptiere den „fremden Blick" als meinen eigenen.

Als kluge Tiere den Geist erfanden

Weltentwürfe korrespondieren immer mit Vorstellungen vom Wesen des Menschen und umgekehrt, insofern kann es keine theoretische Philosophie geben ohne eine praktische – und umgekehrt. Um meine Behauptung zu illustrieren, dass „Weltbilder" immer ein bestimmtes „Menschenbild" implizieren (und umgekehrt), so dass keins ohne das andere bestehen kann, möchte ich Markus Gabriels These betrachten, dass Individuen nur insofern existieren, als sie in Sinnfeldern erscheinen, so dass man von keinem Individuum sagen kann, es sei – in einem metaphysischen oder absoluten Sinn - ein Individuum der und der Art – z.B. ein Mensch -, mit den und den Eigenschaften – z.B. bewusst, intelligent oder neurotisch. Ich halte diese Redeweise für irreführend, da sie es ermöglicht, den Menschen unter einer inhumanen Perspektive zu betrachten. In Verbindung mit der These des neutralen Realismus, dass keine Beschreibung einer Entität privilegiert sei, besteht für Gabriel keine Möglichkeit, die Personalität, Bewusstheit, qualitative Erlebnisweise, kurz, die Subjektivität des Menschen als eigentliche, substanzielle Eigenschaft auszuweisen. Gegenüber der naturalistischen Okkupation bleibt nur relativierende Zurückweisung unter Hinweis auf andere, irreduzible Sinnfelder, in denen Personalität und Subjektivität erscheinen. Gabriel leitet seine sogenannte neo-existentialistische These aus der Sinnfeldontologie ab, dass es keine Essenz (Substanz) in einem metaphysischen Sinn gibt, sondern nur Eigenschaftszuschreibungen relativ zu Sinnfeldern (=Beschreibungsbereiche, Fach- und Sachgebiete). Eine Teilthese lautet bei Gabriel, dass es keine einzelnen Phänomene gibt, die wir zurecht als Bewusstsein deklarieren können. Er spricht dem „mentalistischen Vokabular", wie er es nennt, jede Referenz ab, d.h. Ausdrücke wie „intelligent" oder „bewusst" bezeichnen keine individuellen Entitäten, Eigenschaften oder Zustände. Stattdessen seien die Merkmale, die wir mit Bewusstsein verbinden, graduell verteilt vom „Physischen bis zum Nichtexistenten":

"Neo-Existentialismus ist die Ansicht, dass es kein einzelnes Phänomen oder keine einzelne Realität gibt, die dem letztlich sehr verworrenen Sammelbegriff ‚das Bewusstsein' [the mind] entspricht. Eher befinden sich die Phänomene, die typischerweise diesem Überbegriff zugeordnet werden, auf einem Spektrum, das vom offensichtlich Physischen bis zum Nichtexistenten reicht."

Es gibt also nichts, auf das man zeigen und sagen kann: „Dies ist ein Bewusstsein". Tatsächlich kann man das Bewusstsein nicht anfassen, schmecken, sehen oder fühlen, weil es unter anderem das ist, mittels dem wir etwas schmecken, sehen oder fühlen können. Wahrnehmung ohne Bewusstsein bzw. unterhalb der Bewusstseinsschwelle ist zwar auch möglich und sogar sehr wirkmächtig; aber damit ein Sehen, Schmecken und

Fühlen zu meinem Erlebnis wird, muss es mir bewusst sein. Auch das Zeigen und Sagen ist in der Regel nur in einem Zustand möglich, den wir als bewusst bezeichnen. Nun gibt es tatsächlich kein einzelnes Phänomen, das wir als Bewusstsein bezeichnen können – so wenig wie es ein einzelnes Phänomen gibt, das wir als Liebe, Wahrheit, Gerechtigkeit, Sehnsucht usw. bezeichnen können. Gerade der Gebrauch philosophischer Vokabeln im Nominalstil – das Sein, das Ich, die Welt, der Geist, das Bewusstsein, das An- und Für-sich, das Nichts, das Phänomenon und das Noumenon usw. – lädt den Kritiker der Philosophie zu Spott und Häme ein. Das Hantieren mit solchen Großbegriffen scheint noch aus der philosophischen Urzeit zu stammen, in der Ideen und Universalien reale Existenz zukam. Als der ontologische Gottesbeweis noch zu funktionieren schien. Allerdings kann man sich schützend vor einen solchen Stil stellen, indem man einräumt, dass die philosophischen – speziell auf mentale Phänomene bezüglichen - Nomen Abstrakta formulieren, denen keine konkreten physischen Individuen entsprechen, sondern komplexe Erfahrungsbereiche und Eigenschaftsbündel, die dann ihrerseits zwar Individuen zugesprochen werden können, die aber eine Differenzierung in objektive und subjektive Aspekte nur bis zu einem gewissen Grad erlauben. Daher scheint es legitim, mittels abstrakter Begriffe Phänomene zu charakterisieren, indem man sie in Form von Prädikaten auf Individuen anwendet (individuiert), wie in dem Satz:

„Sokrates ist weise." Und wie anders soll ich sagen, dass ich etwas geträumt, gefühlt und gedacht habe, dass ich mir eines Problems durchaus bewusst sei – als indem ich genau dies sage, mich des alltäglichsten „mentalistischen" Vokabulars bediene? Die Sprachskepsis bezüglich mentalistischer Begriffe trifft schließlich alle Abstrakta, die nicht gerade singuläre Entitäten benennen. Aber die Sprache besteht eben nicht nur aus Nomen und Nomen haben nicht nur die Funktion, auf Exemplare bestimmter Sorten von Dingen zu referieren. Gerade am Beispiel des Begriffs des Bewusstseins ist das augenfällig: Bewusstsein ist selbst kein Phänomen, sondern jene Instanz, die es überhaupt erst ermöglicht, dass uns Wirklichkeit als Phänomen gegenübertritt. Bewusstsein eröffnet uns aus der Ersten-Person-Perspektive das subjektive Erfahrungs- und Erlebnisfeld und ist allenfalls in Merkmalclustern phänomenal und drittpersonal gegeben: erkennbar an Wachheit, Mimik, Intentionalität, Bewegung, Bericht und Handlungsplanung und -bewertung, oder an der neuronalen Aktivität bestimmter Hirnareale, um nur einige Aspekte zu nennen. Es ist keine verblüffende These, dass ein Bewusstsein an sich, ohne lebensweltliche und individuelle Einbettung, nicht existiert. Bereits Aristoteles ging im Gegensatz zu seinem Lehrer Platon davon aus, dass solche Abstrakta wie Bewusstsein oder Gerechtigkeit keine von den Einzeldingen unabhängige Existenz besitzen, sondern als Eigenschaften von Individuen instanziiert sind. Diese später im

Universalienstreit des Mittelalters als Nominalismus bezeichnete Auffassung wurde zur Grundlage des Aufstiegs des Empirismus eines Lockes, Berkeleys, Hobbes' oder Humes. Diese Auffassung liegt auch dem Siegeszug der modernen Naturwissenschaften und ebenso dem „szientistischen Weltbild" (Gabriel) zugrunde, das Gabriel mit seinem „Neo-Existentialismus" infrage zu stellen beabsichtig. Gabriels Strategie erscheint zunächst frappierend, weil er nicht die Irreduzibilität des Bewusstseins gegen einen harten naturwissenschaftlichen Reduktionismus ins Feld führt, sondern origineller Weise das Bewusstsein als „verworrenen Sammelbegriff" bezeichnet, um dann die kausale Rolle dieses diffusen Konzeptes im Zuge der Anthropogenese zu erläutern: dieser Begriff sei von uns Menschen in grauer Vorzeit erfunden worden, um uns von der unbelebten Natur einerseits, von den anderen Tieren andererseits zu unterscheiden. Welche Idee könnte aber besser die naturgeschichtliche Auffassung und damit das „szientistische Weltbild" stützen als die, dass wir Menschen uns eine eigentliche Eigenschaft – Bewusstsein, aber gemeint sind wohl eher Vernunft und Geist – als Alleinstellungsmerkmal zuschreiben, der „kein einzelnes Phänomen oder keine einzelne Realität" entspricht? Wen erinnert das nicht an Nietzsches Fabel von den klugen Tieren, die hochmütiger Weise das Erkennen erfanden? Aber auch an Gabriel fällt wie bereits an Nietzsche das merkwürdig Zirkuläre dieser Argumentation auf: Müssen Tiere nicht schon über

Bewusstsein verfügen, um sich ein Bewusstsein zuzuschreiben? Auffällig ist ferner das Epitaph „einzelne". Darauf kommt er in seinem „fundamentalen Grundsatz des Neo-Existentialismus" nochmal zu sprechen, in dem er sprach-philosophisch im Einklang beispielsweise mit Wittgenstein die abschätzig als „mentalistisches Vokabular" etikettierte Sprache des Geistes in ihrer Fehlfunktion entlarvt:

„Der fundamentale Grundsatz des Neo-Existentialismus ist, dass es keine alleinige Entität in der Welt (sic!) gibt, auf die durch unser diachron und synchron ausdifferenziertes mentalistisches Vokabular verwiesen wird, nichts Einzelnes, was bewusst, selbst-bewusst, selbst-aufmerksam, neurotisch, ein Verarbeiter qualitativer Zustände, wachsam, intelligent usw. ist."

Nachdem Gabriel im ersten Streich dem Nomen „Bewusstsein" den Referenten gestrichen hat, was eine nominalistische Interpretation als Alternative nahelegte, streicht er im zweiten Streich auch die Adjektive und Adverbien des „mentalistischen Vokabulars" und billigt nicht einmal mehr Individuen zu, bewusst oder intelligent zu sein. Das wirkt in der Tat merkwürdig. Abgesehen davon, dass der gesamten Sprache des Fühlens, Denkens und Handelns die Arbeitsgrundlage entzogen wird, scheint er aber nicht sicher zu sein, ob er als Referenten mentaler Begriffe lediglich die Konzeption einer „alleinigen" oder einer „einzelnen" Entität entziehen will, was schon einen großen Unterschied macht. Dass es keine „alleinige" — sprich einmalige, singuläre — Entität gibt, die bewusst oder intelligent ist: dem kann man schnell zustimmen; aber keine „einzelne" — sprich keine? Soll es einem Arzt nicht mehr möglich sein, zwischen einem bewussten und einem bewusstlosen Zustand seines Patienten zu unterscheiden? Das scheint wohl absurd. Soll es mir selbst nicht mehr möglich sein, über mich zu sagen, ich wisse nicht alles, aber vieles sei mir bewusst? Denken wir an Gombrichs ersten Satz seiner Geschichte der Kunst: „Genau genommen gibt es ‚die Kunst' gar nicht. Es gibt nur Künstler." Analog könnte man sagen: genau genommen gibt es ‚das Bewusstsein' gar nicht. Aber laut Gabriel gibt es auch keine bewussten Individuen. Als zusätzliches Kuriosum mag gelten, dass er die Existenz von bewussten und intelligenten Individuen einem Bereich abspricht, dessen Existenz er längst widerlegt zu haben behauptet: der Welt. Dabei kennt Gabriel nun zwei ontologische Segmente — das erinnert schon stark an einen ontologischen Dualismus, den er allerdings wie den Monismus auch zum alten Eisen der Philosophiegeschichte geworfen hat -, nämlich das materielle Universum — „einem offenen System von Sinnfeldern" — und die Welt (als „Sinnfeld aller Sinnfelder"), die es nun aber nicht geben soll. Jedenfalls ist das Universum in der Welt, die es nicht gibt, enthalten; das gleiche gilt aber nicht umgekehrt. Nun erfahren wir über den Ort des Bewusstseins, das es ebenfalls nicht gibt, nur, dass es weder im Universum noch in der Welt vorkommt. Interessant ist die Rede von Bewusstsein für Gabriel aber dennoch, weil es seiner Auffassung nach eben doch „Phänomene" gibt, die irgendwie mit dem „mentalistischen Vokabular" in Verbindung gebracht werden. Wie diese Phänomene aber weder im Universum noch in der Welt – aber dennoch irgendwo – vorkommen sollen, bleibt unklar. Der Autor jedenfalls bringt es nicht klar und widerspruchsfrei auf den Punkt, weshalb ich hier nur mit einigem guten Willen spekulieren kann, will ich seine Äußerungen nicht als unsinnig abweisen. In meinen Worten würde ich seine Position so zusammenfassen: Es gibt einwandfrei dies materielle Universum, das die Naturwissenschaften beschreiben; allerdings ist hier schon die Beschreibung eine im Plural, denn die Sprachen der Physik, Chemie, Biologie unterscheiden sich schon erheblich. Hier kann die Metapher von den Sinnfeldern tatsächlich plausibel wirken: unterschiedlichen ontologischen Domänen entsprechen verschiedene Semantiken, auch bei übergeordneten Symbolsystemen wie der Mathematik. Alle anderen ontologischen Bereiche, die sich nicht eindeutig nur dem materiellen Universum zuordnen lassen – wie Religionen, Kunst, Kultur, Sprache, Wirtschaft, Politik, Bewusstsein, Gefühle, Gedanken, Moral, Handlungen, Fiktionen – bilden einzelne, nicht aufeinander reduzierbare Bereiche – eben wieder Gabriels Sinnfelder – mit ihren eignen Sprachen. Der Autor ist dann nicht eindeutig, man scheint die Wahl zu haben, entweder zu sagen: alles zusammen nennen wir „Welt", wohl wissend, dass es sich hier nur um eine Redeweise handelt, oder Universum und Welt sind zwei verschiedene – tja, was? Nennen wir sie einfach Domänen. Bewusstseinsphänomene sind – entgegen der Aussage, dass sie weder in der Natur noch in der Welt vorkommen – eben doch, wie eingangs zitiert, Teil des physischen Universums und teils nicht. Sie gehören also zu mehreren Sinnfeldern – die obige Aufzählung lässt dafür sehr viele Spielräume: Kunst, Kultur, Gefühle, Gedanken usw. Rätselhaft aber bleibt die Leugnung des Autors, dass Bewusstsein zur Welt gehöre, weil man ja doch geneigt ist, ihn so zu verstehen, dass die Welt als Sammelbezeichnung für eine unbegrenzte Diversität an Sinnfeldern zu einem großen Teil aus mental imprägnierten Sinnfeldern besteht. Das bleibt kryptisch. Noch seltsamer kommt die Ad-hoc-Behauptung, dass es ein Gemeinsames gäbe, das alle Bewusst-seinsphänomene verbände (obwohl dies doch ein diffuser, inkohärenter Haufen sein soll?). Nun gut, denkt man als geduldiger Leser: irgendetwas müssen die Phänomene ja gemeinsam haben, ihre identitätsstiftende Rolle als Diskriminator (gegenüber der Natur- und Objektwelt) scheint nicht auszureichen (warum eigentlich nicht?). Und jetzt kommt die eigentliche Überraschung. Dies Verbindende nennt Gabriel Geist. Jawohl, richtig gelesen.

Natürlich denkt der philosophisch Vorbelastete sofort an Hegel und ahnt nichts Gutes. Zumal Gabriel nun ganz ungeniert den Nominalstil pflegt, von seiner nominalistischen Skepsis ist nichts mehr zu spüren; nun behauptet er, „dass weder alle Teile des Geistes noch der Geist als Ganzes im Universum existieren können." Es gibt zwar kein Bewusstsein, aber den Geist – im Singular – soll es nun plötzlich geben und er hat sogar Teile. Es steht aber zu befürchten, dass, Gabriels Sinnfeldontologie zufolge, sich der Geist nicht in einzelnen Individuen instanziieren wird, sondern als Eigenschaft von Sinnfeldern. Damit ist gezeigt, dass metaphysische Spekulationen, das Weltganze betreffend, unmittelbare Auswirkungen auf die Konzeption des Menschen haben. Denn „Geist" kommt in nicht-religiösen und nicht-mythischen Diskursen nur als Signum des Menschen vor. Wie soll aber ein Mensch, der nicht bei Bewusstsein ist, über Geist verfügen? Gabriels These von der Nichtexistenz der Welt im Sinne eines „Sinnfelds aller Sinnfelder" zieht die weitere These von der Nichtexistenz des Individuums nach sich. Individuen gibt es für Gabriel nur als „Erscheinungen in einem „Sinnfeld". Kein Wunder, zerfällt doch die Welt in eine Unendlichkeit von Sinnfeldern ohne roten Faden. Das gleiche Schicksal ereilt denn auch uns Menschen, die als Individuen und Personen keine substanzielle Existenz mehr haben, sondern lediglich als Erscheinungen in einer Vielzahl von Sinnfeldern vorkommen. Das gilt folglich auch für alle eigentlichen Eigenschaften, die traditionell der Spezifizierung, Charakterisierung und Identifizierung von Individuen dienten. Im Fall des

Menschen sind das Eigenschaften wie Bewusstsein, Intelligenz, Vernunft – alle diese Eigenschaften kommen nun nicht mehr menschlichen Individuen zu, sondern sind nunmehr Merkmale von Sinnfeldern. Allerdings macht Gabriel eben diese eine merkwürdige Ausnahme, die die ganze Inkohärenz seiner philosophischen Konstruktion offenlegt: das Invariante, das alle Sinnfelder gemeinsam haben, die in der Selbstbeschreibung des Menschen eine Rolle spielen, sei der Geist, der nun als transzendentes – sinnfeldverbindendes - Sinnfeld einen Teilbereich der Sinnfelder umfassen muss. Gegenspieler des Geistes ist die Natur der Naturwissenschaften. Es scheint, als bekommt Gabriel, indem er den Monismus leugnet, den Dualismus durch die kalte Küche retour serviert und das, obwohl er sich doch so bemüht hat, ihn loszuwerden. Wenn man sich nun in dem Text auf die Suche nach dem Geist begibt, muss man lange blättern, denn die akademischen Exkurse zur Einordnung irgendwelcher Thesen helfen nicht weiter bei der Frage: Was ist der Geist und wo ist er (wenn nicht im Universum und nicht in der Welt – jedenfalls nicht als Ganzer)? Im Kapitel III seines Essays über den „Neoexistentialismus" stellt Gabriel schließlich seine Erklärung des Terminus technicus „Geist" vor, mit dem er das semantische Durcheinander, das mit dem Konzept des Bewusstseins verbunden sei, beiseiteräume wolle. Er stellt den Geist in Opposition zu allen natürlichen Arten als „explanatorische Struktur" vor, mit der alle Phänomene gemeint sein sollen, die von ihren Begriffen abhängen. Inwiefern „Geist" etwas erklärt („explanatorisch") und eine „Struktur" darstellt, erfahren wir nicht. Als Test schlägt er vor, festzustellen, ob epistemische oder semantische Abhängigkeit des einschlägigen Phänomens vorliegt oder nicht. Wenn ich mich über den Charakter eines Phänomens irre, dieser Irrtum aber keinen Einfluss auf das besagte Phänomen hat, dann handelt es sich um eine „natürliche Art", d.h. um ein Individuum, das unabhängig von meinen Einstellungen bestimmte Eigenschaften hat. Erweist sich das Phänomen als abhängig von meinen Einstellungen, dann handelt es sich um ein geistiges Phänomen. Als „Geist" bezeichnet Gabriel also alle Phänomene, die auf die eine oder andere Weise subjektrelativ sind, die nur für ein Subjekt so und so da sind und andernfalls anders oder gar nicht da wären. So sind Gefühle, Emotionen, Gedanken, Einstellungen, Meinungen, Wertungen davon abhängig, dass sie von einem bewusstseins-fähigen Individuum erlebt, vertreten oder vor-genommen werden. Abgesehen davon, dass Gabriel damit den Dualismus zwischen Geist („explanatorische Struktur") und Materie („natürliche Arten" – übrigens eine problematische Kategorie) restauriert und nicht wirklich etwas Neues oder Interessantes über Bewusstsein und Geist sagt: Wo steckt hier der Existentialismus? Alles neu? Gabriel vermarktet einen Realismus, nun einen Existentialismus, die er als „neu" anpreist, weil sie mit der Sache nichts zu tun haben. Er

okkupiert alle Gebiete der Philosophie und „erneuert"
sie, indem er ihnen sein Logo aufprägt. Aber die Marke
„Markus Gabriel" hält nicht, was sie verspricht.

Ein neuer Realismus?

1.

Die Diskussion um „den" Realismus ist weitverzweigt und schwierig. Ich werde fünf Wirklichkeitsmodelle ins Spiel bringen und sie kurz erläutern. Unter dem phänomenologischen Realismus verstehe ich die Idee, dass die Wirklichkeit im Wesentlichen so ist, wie sie uns erscheint, d.h. unserem Bewusstsein gegeben ist. Dabei wird aber zugleich angenommen, dass es keine gravierenden Differenzen zwischen den Bewusstsein-Tokens gibt: Jeder Mensch nimmt einen braunen Tisch als braunen Tisch wahr, jeder Mensch stimmt den gleichen, grundlegenden Wahrheiten zu etc. Wo es Abweichungen vom natürlichen Konsens gibt, da liegt eine subjektive Störung vor. Ansonsten wird die Bedingtheit der Erkenntnis (beispielsweise durch den Sinnesapparat, durch das Gehirn) nicht als Einwand gegen ihre Objektivität verstanden. Unter wissenschaftlichem Realismus verstehe ich den Gedanken, dass die phänomenale Welt mittels der intersubjektiv überprüfbaren wissenschaftlichen Begriffe und Methoden erklärt werden kann. Dabei setzt der wissenschaftliche Realismus eine Ontologie von Gegenständen voraus, die phänomenal nicht unmittelbar gegeben sind (Teilchen, Kräfte, Felder und deren Interaktionen). In beiden Fällen wird angenommen, dass die jeweiligen Gegenstände der Bezugnahme wirklich existieren, auch unabhängig von einem Beobachter (bei der Kopenhagener Deutung der Quantenphysik ist das nicht der Fall, aber das System Beobachter-Welle/Teilchen wird selbst als objektiv existent beschrieben). Der konstruktivistische Realismus geht im Gegensatz zu den vorherigen davon aus, dass alle Gegenstände der Bezugnahme, also alle Bewusstseinsinhalte, Wahrnehmungen etc., nur relativ zu einem Konstrukteur existieren, der konsequent gedacht nicht mehr Element der Menge der möglichen Gegenstände der Erfahrung sein kann (Roths „reales Gehirn"). Die gesamte Wirklichkeit ist so ein nicht näher zu kennzeichnendes Produkt eines wie auch immer gearteten Subjekts. Zwar wird der gleichartige Charakter der phänomenalen Welt ebenso wie Abweichungen davon auf die gleichartige und zugleich individuelle Leistung der wirklichen Gehirne bezogen; allerdings fällt diese Erklärung durch die Einführung des „realen Gehirns" weg, da dieses nicht mehr individuiert und spezifiziert werden kann. Der kritische Realismus nimmt an, dass alle drei Positionen in ihrem Geltungsbereich eingeschränkt werden müssen, einmal, weil sie – wie der phänomenologisch „naive" Realismus – widerlegbar sind; weil sie nicht weiter begründbare oder widerlegbare dogmatische Behauptungen aufstellen (wie der Konstruktivismus) oder weil sie ihre Methodologie nicht kritisch reflektieren und dabei auch Gefahr laufen, entweder dogmatisch oder naiv zu argumentieren (wie der wissenschaftliche Realismus). Im Gegensatz dazu nimmt der kritische Realismus an, dass wir unserer Wahrnehmung und unserem Urteil insoweit trauen dürfen, bis wir durch neue Erfahrungen eines Besseren belehrt werden. Unter der Annahme, dass es eine objektive, subjektneutrale Realität gibt und dass Wissen möglich ist, nimmt er jedoch weiter an, dass dies Wissen durch Hypothesenbildung und durch die Möglichkeit des Scheiterns unserer Vermutungen (an der Realität) zustande kommt. Insofern ist alles Wissen nur Vermutungswissen, mehr oder weniger in und an der Praxis erprobt und korrigiert. Der Sinnfeldrealismus nimmt hier eine Sonderstellung ein, insofern er wie der phänomenologische Realismus annimmt, dass die Wirklichkeit genau so ist, wie sie erscheint. Da sie aber auf (prinzipiell unendlich) verschiedene Weisen (Sinne, Sinnfelder, Beschreibungen) erscheinen kann und keine Weise privilegiert ist („neutraler Realismus"), gibt es weder eine einheitliche Beschreibung der gesamten Wirklichkeit („keine Welt") noch eine als Fundamentalstruktur ausgezeichnete Substanz der Wirklichkeit (z.B. Naturgesetze, Weltformel). So erscheint die physische Wirklichkeit dem Physiker als Interaktion von Teilchen, Feldern, Wellen und Kräften, dem Alltagsmenschen als Totalität sich wandelnder, sinnlich komplexer Szenen, in denen es scharfe, weiche, harte, schwere Dinge und dramatische Ereignisse, grelle Farben, beißende Gerüche usw. gibt. Dabei anerkennt der Sinnfeldrealismus Gefühlen, Gedanken, Irrtümern, Illusionen den gleichen ontologischen Status zu wie Bergen oder Kraftwerken. Einzeldingen kommt keine

Existenz zu, sondern nur den Bereichen („Sinnfeldern"),
in denen sie vorkommen („erscheinen"). Wahrheits- und
Sinnkriterien sind für die Annahme dessen, was ist, nicht
bindend. Im Sinnfeld einer Wiese gibt es
Gänseblümchen als botanische Art; im Sinnfeld eines
Knopfloches gibt es Gänseblümchen als Dekor oder
Symbol. Das Gänseblümchen an sich, als Einzelding,
existiert nicht.

2.

Schon dieser sehr oberflächliche Überblick, der das
weite Feld des metaphysischen Realismus zunächst
außer Acht lässt, zeigt, wie unübersichtlich die
Gemengelage ist. Alle Wirklichkeitsmodelle stellen
besondere Problemlösungen für die jeweils anderen dar
und werfen aber zugleich neue Probleme auf. Einige
Modelle nehmen Elemente voneinander auf und
verwerfen andere, so dass es immerhin
Überscheidungsmengen gibt. Oder sie sind mit keinem
anderen hier genannten Modell vereinbar, weil sie einen
gänzlich neuen Zuschnitt haben. Ferner muss man die
Standpunkte in erkenntnistheoretischer und
ontologischer Hinsicht noch differenzieren. Ich möchte
den Vergleich zunächst für das Verhältnis zwischen dem
wissenschaftlichen Realismus und den Konstruktivismus
diskutieren, da einige Vertreter des letzteren die
Behauptung aufgestellt haben, dass beide Positionen
nicht nur vereinbar sind, sondern dass der
Konstruktivismus zwingend notwendig aus dem

wissenschaftlichen Realismus folgt. Zunächst kann ich folgender Annahme zustimmen: Wissenschaft-licher Realismus ist mit dem neurobiologischen, nicht hingegen mit dem sogenannten radikalen Konstruktivismus vereinbar, wenn man die wissenschaftlichen Ergebnisse und die wissenschaftliche Methodologie konsequent mit in das Welt- und Selbstbild, das Menschen haben können, einbezieht. Dann ist er sogar mit dem kritischen Realismus vereinbar. Das Wissen um die vorbewussten neurobiologischen Prozesse, an deren Endpunkt dem Bewusstsein die phänomenale Welt und die subjektive Welt – Stichworte Willensfreiheit, Wahrnehmungs-bewusstsein und Selbstbewusstsein – „erscheint", ist ja ein bewusstes Wissen, das Menschen haben können, wenn sie sich mit entsprechenden Methoden und Experimenten vertraut machen. Daraus kann man allenfalls den Schluss ziehen, dass im Alltagsbewusstsein dies Wissen um die Entstehung von Wissen keine Rolle spielt. Man kann aber nicht daraus schließen, dass wir Menschen grundsätzlich keinen Zugang zu einer objektiven, von uns unabhängigen Realität haben. Das würde die Begriffe des Wissens, der Wahrheit und der Erkenntnis obsolet machen. Ich würde dem Konstruktivismus also so weit zustimmen, als er mit den Annahmen des wissenschaftlichen Realismus tatsächlich konformgeht: Nicht alles, was real ist, ist uns spontan und unmittelbar zugänglich (ohne wissenschaftliche Methoden, Modellierung und Experimente). Nicht alles, was unserem Bewusstsein spontan gegeben ist, ist objektiv real. Manches ist auch nur als subjektives Erleben real. Wenn beispielsweise der Neurobiologe behauptet, diese interne Unterscheidung zwischen dem Subjektiven und dem Objektiven sei ebenfalls nur eine (aus Sicht des Gehirns) subjektive Unterscheidung, verlässt er den Boden des wissenschaftlichen Realismus, der diese Unterscheidung für essenziell und objektiv wahr hält. Im Normalfall wissen wir, ob wir etwas wahrnehmen (objektive Realität) oder ob wir uns etwas einbilden und vorstellen (subjektive Realität). Diese Unterscheidung steht und fällt mir der Anerkennung einer vom Bewusstsein bzw. Gehirn unabhängigen Realität. Die Annahmen des Konstruktivismus sind viel weitreichender. Gemäß den Prinzipien der Autopoesis von Maturana nimmt er an, dass jedes „System" sich seine „Umwelt" selbst erschafft, dass beispielsweise das Gehirn dem Bewusstsein eine eigene Welt erschafft, die mit der Welt, in der das Gehirn vorkommt, keine identifizierbaren Eigenschaften teilt. Die These lautet nicht, dass der Mensch handelnd seine Umwelt verändert, das wäre trivial; sondern auch sein Wissen von der Welt spiegelt nicht die Welt, sondern nur seine Art, sich die Welt vorzustellen oder zu schaffen bzw. zu „konstruieren". Auch wenn man die Spiegelmetapher als zu simpel ablehnt, wird die Idee der „Adäquation" zwischen Gedanken und Sein aufgegeben, die der traditionellen Wahrheitstheorie zugrunde liegt. Wissenschaften wie die Neurobiologie, die im Verein mit der Physik, der Biologie und der Chemie die Genese von phänomenalen Sinneswahrnehmungen erklären können, tun dies mit Hilfe von methodologisch, technisch und experimentell abgesicherten Sinneswahrnehmungen. Folglich können sie gar nicht, aufgrund ihrer Ergebnisse, argumentieren, dass sich das Gehirn seine Wirklichkeit selbst konstruiere (von welchem Konstrukt es selbst ein Teil wäre), ohne ihre Ergebnisse selbst als Konstrukte zu deklarieren. Damit würden sie den Fehschluss des „hysteron proteron" begehen und ihre Ergebnisse ex post in Frage stellen. G. Roth kommt aufgrund dieses epistemologischen Dilemmas zum Postulat eines „realen Gehirns", das keine identifizierbaren Eigenschaften hat. Wenn die neurobiologischen Befunde im Sinne des Konstruktivismus interpretiert werden, dann wird die Neurobiologie selbst zu einer konstruktivistischen Methode, die über sich selbst behauptet, dass sie keinen Zugriff auf objektive, unabhängige Tatsachen habe. Damit disqualifiziert sie sich selbst. Eine Wissenschaft, die über sich selbst behaupten muss, dass sie keine objektiven Erkenntnisse über die wahren Sachverhalte produzieren kann – weil das menschenunmöglich sei -, gibt nicht nur den Status als Wissenschaft preis, sondern kann nicht zugleich behaupten, zu diesem Ergebnis aufgrund wissenschaftlicher Methoden gekommen zu sein - ohne diese Methoden insgesamt zu diskreditieren. Wenn der (radikale) Konstruktivismus wahr ist, dann kann er nicht wissenschaftlich bewiesen werden; wenn er wissenschaftliche bewiesen werden könnte, dann kann er nicht wahr sein. Man muss sich also entscheiden. Entweder gibt man die Wissenschaft als seriöses Unternehmen der Wahrheitssuche auf oder den Konstruktivismus als metaphysische Weltanschauung. Das Postulat der Objektivität widerstreitet dem Postulat der Konstruktivität in den Wissenschaften, ebenso wie die Prinzipien der Beobachterneutralität und der Beobachterabhängigkeit einander widerstreiten. Es gibt noch eine dritte Möglichkeit, wenn man den Gegensatz zwischen Wissenschaft und Konstruktivismus im Sinne eines kontradiktorischen und nicht konträren Gegensatzes deutet. Statt des konträren Gegensatzes: „Alle (adäquaten) Wahrnehmungen sind konstruiert (einschließlich der wissenschaftlich abgesicherten)." (1) und „Keine (adäquate) Wahrnehmung ist konstruiert (einschließlich der wissenschaftlich abgesicherten)." (2) ist der kontradiktorische Gegensatz zu (1) wohl vernünftiger: „Nicht alle (adäquaten) Wahrnehmungen sind konstruiert (einschließlich der wissenschaftlich abgesicherten)." (3) Daraus folgt „Einige adäquate Wahrnehmungen sind nicht konstruiert (einschließlich der wissenschaftlich abgesicherten)." (4) Dabei bedeutet „adäquat" lediglich, dass hier keine Wahrnehmungen ins Spiel gebracht werden sollen, die in jedem Wirklichkeitsmodell als Fantasie oder Illusion gelten können. Man bekommt mit (1) den radikalen Konstruktivismus, mit (2) den naiven Realismus und mit

(3) und (4) den wissenschaftlichen und den kritischen Realismus. Das Paradox des neurobiologischen Konstruktivismus besteht dann darin, von (2) auf (1) zu schließen, vom wissenschaftlichen Realismus - wir glauben einfach unseren experimentell gewonnen, methodisch wahrnehmungsbasierten Ergebnissen! - auf den radikalen Konstruktivismus - Wahrnehmungen und Bewusstseinsinhalte sind alle konstruiert! Da klafft eine beträchtliche Plausibilitätslücke. Übrig bleibt der kritische bzw. wissenschaftliche Realismus (3) und (4), der die Bedingungen menschlicher Erkenntnisse einkalkuliert, aber objektive Erkenntnis grundsätzlich nicht für unmöglich erklärt. Dass alle Erkenntnis konstruiert sei, das kann man nicht erkennen und folglich auch nicht wissen. Dass keine Erkenntnis konstruiert sei, ist aber falsch, denn neurobiologische Experimente legen es nahe, dass einige Wahrnehmungen und Bewusstseinsinhalte neurobiologisch „konstruiert" sind. Nicht ausgeschlossen wurde damit jedoch, dass grosso modo objektives Wissen unmöglich sei. Da aber aus dieser Annahme folgen würde, dass auch die Konstruktivität, Subjektivität oder Relativität von Wissen kein objektives Wissen wäre, kann man dann einfach nichts mehr behaupten, sondern müsste sich komplett jedes Urteils enthalten. Das halte ich für keine vernünftige Lösung, da sie als Lösung ja auch nicht explizit vertreten werden kann.

3.

Aus der Diskussion des konstruktivistischen Realismus sind der kritische bzw. wissenschaftliche Realismus als „Sieger" hervorgegangen, die Elemente des Konstruktivismus (wir konstruieren Hypothesen, überprüfen diese aber kritisch an unserer Erfahrung) und des phänomenologischen Realismus (wir haben über unsere Erfahrungen Zugang zur objektiven Realität) vereinen. Ein Vergleich zwischen dem kritischen und dem wissenschaftlichen Realismus führt zu einer großen Schnittmenge, jedoch fallen dabei Annahmen des letzteren als problematisch heraus. Diese Annahmen betreffen den ontologischen Status der wissenschaftlichen Objekte, den der phänomenalen Erfahrung und den des Bewusstseins. Alle drei Annahmen hängen unmittelbar zusammen. Es wird angenommen, dass die Modellbildungen und Abstraktionen, theoretischen Postulate und Entitäten (speziell der Physik und Chemie) die Welt beschreiben, wie sie „an sich" ist und dass die Welt der Phänomene folglich nur subjektive Erscheinung für das Bewusstsein ist. Zwar erklärt die Physik unsere Wahrnehmungs-welt ziemlich gut, aber sie kann letztlich nicht erklären, wie die phänomenale Welt in der physikalischen Welt situiert ist. Dabei kann auch die Existenz des Bewusstseins im Rahmen des wissenschaftlichen Realismus nicht erklärt werden. Mit anderen Worten: Dass es sich bei den Wissenschaften um Abstraktionen von der phänomenalen Welt aufgrund wissenschaftlicher Hypothesen handelt, wird schnell angesichts der Erklärungserfolge der Wissenschaften vergessen. Es wird angenommen, dass die Welt, in der wir leben und handeln, so ist, wie sie von der Physik, Chemie und Biologie beschrieben wird. Das mag sogar zu großen Teilen stimmen, aber wenn der wissenschaftliche Realismus behauptet, dass nur das real sei, was von den aktuellen Wissenschaften beschrieben werden kann und wird, dann postuliert er ein Weltbild, das nicht mehr wissenschaftlich genannt werden kann. In diesem Sinn ist der wissenschaftliche Realismus, der die Welt mit ihrer wissenschaftlichen Beschreibung verwechselt, abzulehnen und der kritische Realismus vorzuziehen.

4.

Bleibt noch der phänomenologische und der Sinnfeldrealismus übrig, um ihn mit dem kritischen Realismus zu vergleichen. Der naive oder phänomenologische Realismus nimmt die alltägliche Erfahrungswelt als gegeben an und konzeptualisiert sie im Rahmen der natürlichen Sprachen. Demzufolge gibt es Dinge, Ereignisse, Gerüche, Geräusche, Gefühle, Gedanken – die Welt ist für jeden die gleiche und besteht mehr oder weniger aus den gleichen Gegenständen. Die Wissenschaften haben die dienende Funktion, die Wirklichkeit in Abschnitte zu unterteilen und diese Bereiche zu katalogisieren und zu kartografieren, die allgemeinsten Elemente und Kräfte zu identifizieren, darüber hinaus kausale

Zusammenhänge zu erschließen, um nutzbringende Werkzeuge zum Wohle des Menschen zu erzeugen. Diese Welthaltung ist sehr robust und frei von Zweifeln. Die Basisannahmen sind elementar realistisch in Bezug auf die Essentials der Welt: es gibt die eine Wirklichkeit („Welt"), die sich aufteilen lässt in beispielsweise die physische Wirklichkeit (Gegenstände, Raum, Zeit, Kausalität, Kraft), die soziale Wirklichkeit (politische Organisation, Kultur, Institutionen, Bildung, Kommunikation) und die psychische Welt (Gefühle, Gedanken, Erlebnisse). Diese Wirklichkeiten können für sich stehen (keine fragt auf dem Bürgeramt nach den Gesetzen der Physik), hängen aber zusammen, schließen sich natürlich für den naiven Realisten auch nicht aus. Die typisch philosophischen Fragen – Qualia- oder Bewusstseinsproblem, Frage nach dem Fremd-psychischen oder dem Verhältnis zwischen psychischen, sozialen und physischen Tatsachen oder das Problem der Teleologie in der Handlungstheorie in einer Welt der physischen Kausalität usw. – sind akademische Spielchen ohne Relevanz für den Alltag. Die Welt als Ganzes ist nur ausnahmsweise Gegenstand der Rede, meist verkürzend gebraucht für die Erde. Als Gesamtheit des Seienden wird Wirklichkeit gewöhnlich rein summarisch oder extensional aufgefasst und nach Prinzipien des Enthalten-Seins, des Bestehens aus oder des Hervorbringens etc. erklärt. So sympathisch der phänomenologische Realismus auch sein mag, so ist er doch massiv durch seinen wissenschaftlichen Bruder in

Bedrängnis geraten. Hier greift nun der „Neue Realismus" ein und versucht, die „Phänomene zu retten".

Mundus absconditus oder Die Wirklichkeit der Welt

Auf dem Weg zum Kindergarten. Autos holpern über das Kopfsteinpflaster und machen Lärm, Abgaswolken mischen sich mit der morgenfrischen Frühlingsluft. Vögel zwitschern in den Bäumen. Müll liegt auf den Wegen. In den Gebüschen die ersten Blüten, Spatzen hüpfen in den Zweigen herum. Mein Hund zerrt plötzlich an der Leine, weil er ein Eichhörnchen auf der anderen Straßenseite an einer Kastanie hochklettern sieht. Das Fahrrad, auf dem meine beiden, fast drei- und fast fünfjährigen Jungs sitzen — der kleinere auf dem Kindersitz, der größere auf dem Fahrradsitz, seine Arme sind gerade lang genug, um den Lenker zu erreichen -, das Fahrrad kommt in Turbulenzen. All das höre, rieche, spüre, fühle ich; aber damit nicht genug, ich bewege mich auch, wende Kraft auf, reagiere durch Willkürbewegungen auf Gegenkräfte: Ich steuere gegen die Zugrichtung, die der Hund bevorzugt, schnauze ihn an. Denn ich habe ein Ziel, will mich und meinen Tross gesund und sicher zum Kindergarten befördern. Die Jungs bemerken die Erschütterung, ermahnen mich, besser aufzupassen. All das, was ich beschreibe, kann ich unmittelbar erkennen, weil es meiner Wahrnehmung, meinem Bewusstsein gegenwärtig, „gegeben" ist. Zugleich weiß ich, dass ich diese Wirklichkeit auf meine Art beschreibe, die durch meine Rolle als Vater, durch meine Erfahrung, meine Kultur und Sprache geprägt wurde. Aber weiß ich auch, dass dies nur meine Wirklichkeit ist, dass ich meine Wirklichkeit so und so

75

erlebe, weil im Hintergrund meiner Existenz etwas am Werk ist, von dem ich keinen blassen Schimmer habe?

Gut, ich weiß immerhin, dass ich als so-und-so beschaffenes Wesen – mit meiner körperlichen, kulturellen, psychischen, geistigen und sonstigen Ausstattung - existiere und nur daher diese Wahrnehmungen, dies Bewusstsein, diese Denkfähigkeit und diese Sprache haben, diese Handlungen ausführen, diese Urteile und Aussagen äußern kann. Ich weiß auch, dass die Passanten, denen wir begegnen, dass der Straßenbauer, mein Hund, die Vögel, das Eichhörnchen „die Welt ganz anders sehen". Und doch wieder nicht – „ganz anders". Denn alles, was in meinem Bewusstseinsfeld erscheint, bildet gemeinsame Schnittmengen mit allen anderen Wesen, die ebenfalls über Bewusstsein und Wahrnehmung und Weltwissen verfügen. Woher weiß ich aber, dass die Passanten, der Straßenbauer, meine Kinder, mein Hund, die Vögel, das Eichhörnchen auch Wahrnehmung und Bewusstsein haben – obwohl sie doch nur „mir" bewusst sind? Und die Steine, Bäume, die Luft? Wo existieren sie? In meinem Bewusstsein? Nur dort? Gegenfrage: Woher weiß ich, dass sie NUR in meinem Bewusstseinsfeld aufkreuzen? Ist es überhaupt mein Bewusstseinsfeld? Was heißt hier überhaupt „Feld"? Gut, ich könnte auch „Erlebniswelt" (Roth) dazu sagen oder „Phänomenon" (Kant), „Vorstellung" (Schopenhauer) oder einfach – Wirklichkeit. Nun ja, ich glaube, dass, egal wo ich mich gerade befinde, etwas existiert, das unabhängig davon vorhanden ist, dass gerade ich da bin; dass ich aber mit dem, was auch immer es sei, in einer kausalen Beziehung stehe. Also würde ich erstmal sagen, dass all die anderen Dinge, die in meinem Bewusstsein erscheinen, tatsächlich vorhanden sind, weil wir alle offenkundig aufeinander reagieren können. Das Fahrrad kippt mitsamt den Kindern auf die Straße, wenn ich dem Hund nicht gegensteure. Der Käfer liegt zertreten auf den Gehwegplatten, wenn ich nicht aufpasse, der Hund wird von einem Auto überfahren, wenn er nur das Eichhörnchen im Sinn hat, sich losreißt und mit Jagdeifer die Straße überquert (weiß er nicht, dass Autos gefährlich sind?). Aber dies nehme ich ja auch alles wieder nur in meinem Bewusstsein wahr. Und das Kausalprinzip? Nun, das ist seit David Hume ja auch eine unsichere Sache. Also woher? Woher weiß ich Folgendes: wir bewegen uns alle im gleichen Raum, in der gleichen Zeit? So erscheint es mir zumindest.

Hilft es mir, zu wissen, dass „mein" Gehirn sich seine Umgebungswelt – Umwelt, Körper, Bewusstsein – selbst konstruiert? Woher „weiß" ich das nun wieder? Weil ich es in den lehrreichen Büchern von Gerhard Roth gelesen habe. Soll ich ihm glauben? Wie könnte ich nicht, denn kein Fachmann zweifelt an dem Wissen, das sie verbreiten! Andererseits: Was soll ich auch anderes annehmen, als dass alle Ereignisse in meinem Bewusstseinshorizont tatsächlich auch dann real wären, wenn ich gar nicht hier wäre (also alle Ereignisse, abzüglich derer, die durch meine Präsenz kausal verursacht sind)? Ich gehe sogar noch weiter und nehme an, dass alles sich auch so abspielen würde, wenn ich präsent wäre und bewusst alles wahrnehmen würde. Meine Abwesenheit wäre gar nicht erforderlich, um die Anwesenheit alles Übrigen anzunehmen. Ich denke einfach nicht daran, dass ich das, was ich sehe, rieche, spüre etc., genau deshalb so sehe, weil ich es sehe oder weil mein Gehirn es so konstruiert. Ich richte meine Aufmerksamkeit auf Gegenstände, die „außerhalb" meiner Aufmerksamkeit liegen, ich denke nicht an mein Denken und dessen möglichen Illusionscharakter, bis ein Fehlschluss mich zu einer falschen Annahme verleitet über das, was tatsächlich existiert. Der Hund sieht das Eichhörnchen ungefähr gleichzeitig mit mir. Auch das Eichhörnchen reagiert sofort. Beide können sich irren und ihre Irrtümer sogar korrigieren. Wenn sie das nicht tun, kann es zu spät für weitere Vorhaben sein. Auch ich könnte falsche Annahmen über das Verhalten meines Hundes hegen. Dann könnte es für meine Kinder zu spät sein. Der Weg in den Kindergarten würde zum Krankenhaus führen. Der Straßenbauer, gerade in seine Arbeit vertieft – er klopft Wegplatten mit einem Gummihammer fest - erschrickt vor dem Hund, der plötzlich auf Augenhöhe neben ihm auftaucht. Sind unsere Gehirne etwa alle „geeicht", synchronisiert? Oder simuliere ich das alles nur? Ach, und dabei weiß ich doch auch, dass die neuronale Verarbeitung Zeit braucht, dass alles mit Verspätung in meinem

Bewusstsein auftaucht, jede Wahrnehmung, jeder Gedanke, jede Absicht, mit einer halben Sekunde Verzögerung! Es ist alles schon vorbei, bevor ich auf dem Plan erscheine. Das nehme ich nicht wahr, weil mein Gehirn für mich alles zurechtrechnet, es auf die Bewusstseinspräsens eicht. Was wäre das nicht eine schöne Sache für die Deutsche Bahn, wenn sie ihre Verspätungen auch immer so schön (in den Köpfen der Kunden) zurechtrechnen könnte! Raum, Zeit, Kausalität, Dingschemata, Personenkonzepte – alles Konstrukte eines strukturell geschlossenen, informationell und energetisch halboffenen Systems namens Gehirn? Logisch, denke ich, während ich das Fahrrad mit den beiden Jungs drauf und mit dem Hund an der Leine, weiterschiebe, logisch, dass all diese schönen Dinge auch im Gehirn „instanziiert" und „repräsentiert" sein müssen. Wie auch anders! Daraus aber den Schluss zu ziehen, dass sie nur in oder nur für mich als Realität existieren, ist unbegründet. Aber woher wissen denn die Neurobiologen, dass diese raum-zeitlichen, materiell realisierten Prozesse im Gehirn, diese Ionen-ungleichgewichte, die zu Spikes führen, zur Öffnung und Schließung von Synapsen, diese ganzen Falten, Lappen, Inseln, Hohlräume, Zellgruppen und – schichten, kurz, dass dieses x genau diese Eigenschaften hat, die sie an ihm empirisch-messbar „feststellen" und darüber hinaus auch noch all die Funktionen, die sie ihm zuschreiben: Gedächtnis, Willkür- und Reflexbewegung, Sprachverarbeitung und Sprachproduktion, persönliche

Identität und Selbstbewusstsein, Emotionen, Handlungsplanung, Fehlleistungen, Träume, Rationalisierungen, Schichtenaufbau der „Wirklichkeit"? Weil es „empirisch und logisch zwingend" (Gerhard Roth) ist?

Aber wie war das nochmals mit der wissenschaftlichen Methodologie? Hatte ich nicht gelernt, dass das Basisproblem und das Induktionsproblem alles wissenschaftliche Wissen begrenzt, dass wir nur Vermutungs- und mehr oder minder gut gesichertes hypothetisches und wahrscheinliches Wissen haben? Scheint es nicht plausibel, dass das Gehirn einerseits als Sitz der Wissensproduktion Aufschluss geben kann über die Art unseres Weltwissens? Kann man hier nicht zu dem Schluss kommen, dass das Gehirn sich selbst und seine Wirklichkeit und folglich auch die wissenschaftlichen Methoden der Welterschließung, ja, selbst die Basisannahme einer an sich seienden Wirklichkeit nur konstruiert und man so annehmen muss, dass da noch ein weiteres Gehirn am Werk sein muss, das das Gehirn und dessen Wirklichkeit, „das Universum und den ganzen Rest" „erzeugt"? Ein schwindelerregender Gedanke! Andererseits: Muss die Neurobiologie sich nicht wie andere Wissenschaften auch an die wissenschaftliche Methodologie halten? Darf sie über ihren Ergebnissen vergessen, wie sie zu diesen Ergebnissen gelangt ist? Woher sie etwas weiß? Aufgrund von experimentellen Daten im Rahmen eines breit in der bestehenden Theorienlandschaft eingebetteten Forschungsdesigns, das variierbar und reproduzierbar sein muss. Hypothesenbildung, theoretische Rahmenkonzepte, experimentelle Designs und die Interpretation der Ergebnisse müssen streng logischen Gesetzen folgen, um die intersubjektive Nachvollziehbarkeit und Überprüfbarkeit zu sichern. Darf sie behaupten, dass Konzepte, Begrifflichkeit, Methoden, Forschungsgegenstand von einem unerkennbaren X hinter all dem konstruiert werden? Grenzt das nicht an Okkultismus und Scharlatanerie? Was tun? Es sieht nach einem Dilemma aus. Aber mit solcherlei Denkproben verschone ich meine Jungs — vorerst. Was glaube ich noch zu wissen? Darüber hinaus weiß ich — meine ich -, dass in meinem Körper unbewusste Prozesse ablaufen, die so perfekt aufeinander abgestimmt sind, dass ich ohne sie nicht lebensfähig wäre. Das alles ist wunderbar. Aber jetzt bin ich auf der Straße, schiebe das Fahrrad an dem Straßenbauer vorbei, der sich von seinem Schreck erholt hat. Ich mache die Jungs darauf aufmerksam, dass alle Wege und Straßen, alle Häuser, Autos, Zäune, Fahrräder, viele von den Dingen, die sie sehen und spüren können, von Menschen konstruiert und gebaut wurden. Auch die Straßenbäume wurden angepflanzt. „Warum?", will mein Kleiner wissen. „Tja, weil Menschen das schön finden.". „Aber Papa, Bäume wachsen doch auch so!", sagt mein Großer. „Stimmt, auch die Erde unter den Straßen und Wegen, aber auch die Bestandteile der Baumaterialien, der Planet Erde, der Himmel, die Sonne, der Mond, das Universum gibt es einfach so!", erwidere ich. „Hat die keiner gemacht?", fragt mein Kleinster verwundert. „Nein, die sind einfach so entstanden!", sage ich. „Papa, gibt es Marsmenschen?", will mein Großer wissen. „Nein", sage ich. „Warum?" fragt mein Kleiner. „Tja, weil wir wohl, soweit wir wissen, allein im Universum sind." „Warum?", will mein Kleiner wissen. „Tja, weil wahrscheinlich nur auf der Erde Leben entstanden ist!" „Warum?", will mein Kleiner wissen. „Das weiß ich nicht. Ihr beiden seid doch ziemlich schlau, euch gibt es halt nicht so oft im Universum!" „Haha, Papa ist gar nicht so schlau, er weiß nicht, warum es nur auf der Erde Menschen gibt!", macht sich mein Älterer über seinen Erzeuger lustig. Auf dem S-Bahnhof erinnert sich mein Kleinster an einen Traum, den er gehabt hatte: Er sei von zu Hause allein weggelaufen, zu diesem S-Bahnhof gegangen. Da seien dann eine Hexe und ein Monster gewesen, er habe schreckliche Angst gehabt. Da seien dann seine Oma, seine große Schwester, seine Mama, sein Papa gekommen und haben ihn gerettet. „Und das war genau hier?", frage ich und zeige auf den S-Bahnsteig. „Ja, genau hier!". Wir steigen in die S-Bahn. Lauter Menschen. Wir machen Quatsch. Einigen wird es zu laut. Sie schauen mich streng an. Vielleicht sind sie auch einfach nur abwesend, in ihre eigene Welt vertieft, denken an einen Streit mit dem Partner, an die Arbeit, wollen den anderen irgendwie (attraktiv, seriös, pragmatisch, ernst, freundlich, misanthropisch...)

erscheinen oder sie wundern sich, dass da noch andere Menschen sind, so wie wir uns ja auch über „die anderen" wundern. „Schaut mal, hier sind auch viele Menschen!", mache ich beide aufmerksam. „Haha, natürlich sind hier Menschen, wir sind doch in der S-Bahn!", weiß mein Großer wieder. „Warum?", fragt mein Kleinster...

Dies Spiel ließe sich endlos fortsetzen. Ich weiß, dass meine Jungs später in der Schule die Grammatik, das Sprachsystem „hinter" der „Parole" mühsam lernen werden, die mathematischen Strukturen „hinter" den „Alltagsphänomenen", sie werden im Physik- und Chemieunterricht die „Naturgesetze" „hinter" den täglichen „Erscheinungen" kennenlernen, sie werden von der Urknalltheorie, dem Atommodell, den subatomaren Teilchen, merkwürdigen elektro-magnetischen Kraftfeldern hören, die Evolutionstheorie, die Genetik studieren, etwas über Aufbau und Funktion des Gehirns und der Sinnesorgane erfahren. Sie werden sich vielleicht irgendwann die Frage stellen, als Fortsetzung ihrer ersten Fragen: „Wie kann es sein, dass die Wirklichkeit in der Welt existiert und sie sich gleichzeitig nur in meinem Gehirn abspielt? Wie kann es sein, dass die gesamte Wirklichkeit mir selbst nur durch mein Gehirn erscheint, obwohl das Gehirn nur aus Neuronen, Axonen, Dendriten, elektrischen Potentialen, Hormo-nen, Blutbahnen usw. besteht? Wie kann es sein, dass ich ETWAS sehe, denke, fühle, spüre, träume, Wissen habe, mich unterhalte, wenn ich dies ETWAS nicht kenne, ohne es zu sehen usw.? Woher weiß ich, dass ich ETWAS sehe usw.? Woher weiß ich, dass ich existiere, wenn doch mein Gehirn all dies nur wahrnimmt, denkt usw.? Was heißt dann „mein"? Was bedeutet es, dass ich mich und alle diese schönen Wahrnehmungs-eindrücke nirgends finden kann, sondern überall nur materielle Bausteine oder physikalische, biochemische und mathematische Strukturen?

Zeige ich, wenn ich auf einen roten Gegenstand zeige, nur auf meine sekundären Qualitäten?" Solche Fragen werden dann vielleicht im Philosophieunterricht diskutiert. Aber ich fürchte, schon lange vorher wird mein Kleinster, wenn er entdeckt hat, dass man außer „warum?" auch noch „was ist…?" fragen kann, mir die Frage stellen: „Papa, was ist Bewusstsein?" Ich weiß, ich werde ihm nur eine Scheinantwort geben können, das, was im Lexikon steht. Oder soll ich ihm die Wahrheit sagen? „Ich weiß es nicht, mein Sohn!"? Dann wird mein Ältester sich jedenfalls freuen… Nicht erst im Philosophieunterricht werden sie erfahren, dass Menschen sich schon immer Gedanken über ihr Leben und das Universum gemacht haben, sich über das Denken und das Sein Fragen gestellt, Antworten gesucht, viele verschiedene Antworten gefunden haben, sich in Widersprüche verstrickt haben, die Antworten wieder aufgeben oder verbessern mussten. Sie werden sich fragen müssen, woher sie etwas wissen, sie werden hinter all dem langweiligen „Gequatsche" vielleicht ihre eigenen ursprünglichen Fragen wieder entdecken: „Papa, wie kann es sein, dass etwas nicht gemacht wurde?", „Papa, gibt es Leben auf dem Mars?"… Später dann: „Was ist Zeit?", „Was sind „Gedanken?", „Was ist Raum?", „Was sind Kräfte?", „Was ist Materie?". Alles beginnt mit dem kleinen Fragepronomen „Warum?". Und alles lässt sich zuspitzen auf die Fragen „Was gibt es?" „Warum gibt es das?" „Was und wie wissen wir das?" „Was ist Wissen?" Sie werden vielleicht auch lernen, dass ein griechischer Philosoph vor langer Zeit erkannt hat, dass man die Warum-Frage auf vierfach verschiedene Weise stellen kann: als Frage nach der Ursache, nach dem Ziel, nach der Form, nach dem Stoff…Sie werden sich verwundert fragen, wie es möglich ist, aufgrund von Wissen über die ihnen vertraute Wirklichkeit, zu der später auch Gehirne gehören werden, zu dem Schluss zu kommen, dass diese Wirklichkeit eine „Illusion", eine Vorstellungs- und Erscheinungswelt sein könnte. Hatten sie bisher nicht immer schön unterschieden zwischen Traum und Wirklichkeit? Wusste nicht auch der Zweijährige schon, dass die schreckliche Begebenheit auf dem S-Bahnhof ein Traum gewesen ist – obwohl er das Ereignis genau datieren und lokalisieren konnte? Sie werden entdecken, dass die gemeinsame Welt, in der wir Erwachsenen, sie selbst, Hunde, Vögel, Eichhörnchen, Insekten, Blumen, Bäume, Erde, Straßenbauer, Steine, Luft, Worte, Gedanken, S-Bahnen, Träume, Kindergärten, Regen, Geräusche, Hitze… - einfach alles existiert, noch ganz anders beschrieben werden kann, als wir es mit unserer Alltagssprache tun. Dass „hinter" der Welt der täglichen Wirklichkeit eine andere „Realität" steckt, die wir mit einer anderen Sprache beschreiben, die viel „abstrakter" ist und strengen Regeln gehorcht. Sie werden sich fragen, ob die eine Wirklichkeit, in der alles neben- und nacheinander vorkommt, wirklich existiert, ob es die eine, verständliche Welt wirklich gibt oder ob es mehrere Welten gibt, unendlich viele, oder ob alles „nur" eine Konstruktion oder Illusion oder einfach nur unverständlich sei. Kinder haben schon frühzeitig einen Begriff von der Wirklichkeit und können sie von Träumen und Erfindungen unterscheiden. Auch haben sie einen Weltbegriff, der all das umfasst, was sie für wirklich halten. Extension und Intension – Umfang und Bedeutung - des Weltkonzeptes wandeln sich dramatisch im Laufe eines Lebens. Das kann auch antirealistische, skeptische oder gar nihilistische Formen annehmen, klar aber ist, dass die Welt als Ganzes unserer Wirklichkeit ein offenes Konzept ist und sich nie nur in dem erschöpft, was uns jeweils gerade als Wirklichkeit erscheint. Im Unterschied zu religiösen Postulaten – beispielsweise der Existenz eines allmächtigen, allliebenden und allweisen Gottes – ist die Welt – als Gesamtheit dessen, was wirklich ist – etwas, was man wirklich und nicht nur in der spekulativen Fantasie erfahren, kennenlernen, entdecken, aber natürlich auch erleiden kann. Nachdem ich meine

Kinder glücklich und ohne Unfälle im Kindergarten verabschiedet habe, nachhause geradelt bin, setze ich mich wieder in mein Mansardenzimmer und versuche meine Überlegungen etwas zu systematisieren. Ich beginne mit der Frage: „Ist die Welt erkennbar?" Schon diese Frage wirft sofort die nächsten auf: für wen erkennbar? Was heißt erkennbar? Was heißt Welt? Die Welt? Wessen Welt? Und was soll das Wörtchen „ist" hier bedeuten? Aber langsam. Denn um mit der Erkennbarkeit der Welt beginnen zu können, muss ich zunächst noch einen Schritt weiter zurückgehen.

Ist die Welt denkbar?

Eigentlich eine Selbstverständlichkeit! Nicht so für Markus Gabriel. Der Mitinitiator der philosophischen Bewegung des „Neuen Realismus" votiert und argumentiert für eine radikale Lösung eines zugleich ontologischen und epistemologischen Problems, das für unser Welt- und Selbstverständnis von größter Bedeutung ist und das längst den Elfenbeinturm der akademischen Philosophie verlassen hat und unseren Alltag in Wissenschaft und Gesellschaft durchdringt. Oder vielmehr ist, sollte ich sagen, nicht dies Problem von großem Einfluss, sondern es sind zwei extreme Lösungsvorschläge, die um die Vorherrschaft in der Konzeption unseres Welt- und Selbstbildes konkurrieren: der wissenschaftliche Realismus einerseits, der neurobiologische Konstruktivismus andererseits. Die Probleme des gesellschaftlichen

Alltags bestehen selten darin, dass ernsthaft philo-sophische Probleme aufgeworfen, sondern dass diese mit meist zweifelhaften Lösungen zugeworfen werden. Neuerdings gibt es auch Versuche, beide auf den ersten Blick gegensätzlich erscheinenden Konzepte zu vereinheitlichen. Mein eigenständiger Vorschlag wird ebenfalls darin bestehen, für eine bestimmte Variante der Kompatibilitätsthese zu argumentieren, das heißt für die Vereinbarkeit beider kursierenden Lösungs-vorschläge – des wissenschaftlichen Realismus und des Konstruktivismus, allerdings mit einer kleinen Abänderung. Zunächst aber das Problem. Vereinfacht ausgedrückt handelt es sich um das Problem der Denkbarkeit der Welt. Bevor man die Erkennbarkeit der Welt erörtern kann, muss man sich fragen, ob das Konzept einer objektiven und allumfassenden Welt kohärent und konsistent denkbar ist. Der Konstruktivismus behauptet, dass die Welt ein Konstrukt eines „Subjekts" sei – wobei es sich hier um eine Variable handelt, die durch allerlei gefüllt werden kann, z.B. durch den „Beobachter" oder das „reale Gehirn" Roths -. Markus Gabriel bestreitet das. Er bestreitet aber auch die entgegengesetzte These, dass die Welt kein Konstrukt, sondern eine objektive Realität unabhängig von jedem Subjekt sei. Im Unterschied zum wissenschaftlichen und metaphysischen Realismus bestreiten sowohl der Konstruktivismus als auch der Neorealismus die Existenz der objektiv und allumfassenden Welt. Ist die Welt abhängig von einem

Subjekt oder ist sie es nicht? Gabriel hält die Frage für müßig, denn seiner Meinung nach ist der Weltgedanke gar nicht denkbar, also ist auch die Abhängigkeitsthese in ihrer positiven und in ihrer negativen Variante falsch. Außerdem ist die Frage falsch gestellt, denn Subjekte — also alle wahrnehmenden, empfindenden, denkenden und urteilenden Wesen — sind ja selbst Bestanteil der objektiven Welt, die so nicht mehr einfach nur „objektive" Merkmale besitzen kann. Subjektivität ist nach Gabriel ein Teil der Welt, die so nicht mehr als kohärentes Ganzes gedacht werden kann. Oder? Wenn man sich die Wirksamkeit von Lösungsvorschlägen für das gesellschaftliche Leben anschaut, wird man zu dem Urteil kommen müssen, dass von der Art der „Lösung" einiges abhängt. So haben sowohl der wissenschaftliche, kritische Realismus als auch der ontologische und epistemologische Konstruktivismus einen enormen Einfluss auf die Gesellschaft und ihre handlungsleitenden Selbst- und Weltbilder. Wenn dazu noch eine Wissenschaft wie die Neurobiologie als neues Paradigma einen ontologischen Konstruktivismus propagiert, der so gut wie sicher falsch ist, nichtsdestotrotz Eingang in alle Bereiche der praktischen und theoretischen Anthropologie und Gesellschaftswissenschaft findet, dann ist es wieder notwendig, auf die Risiken und Nebenwirkungen von Weltbildern aufmerksam zu machen, die die Tendenz aufweisen, ein neues ideologisches Paradigma zu forcieren. Da kann man Gabriel nur beipflichten. Anstatt aber Weltbilder für logisch unmöglich zu erklären, sollte man sich ernsthaft mit ihnen auseinandersetzen. Da wirkt es überstiegen, wenn man Weltbilder grundsätzlich für überholt hält, wie Gabriel dies offenkundig annimmt, wenn er schreibt: „Denn man kann sich kein Bild von der Welt machen, weil sie nicht existiert." (Gabriel 2013, S. 23; kursiv T.K.). Diese Aussage ist nachgerade absurd und widerspricht sogar Gabriels Intention. Die Annahme, dass ein „Weltbild" die kausale Wirkung einer existierenden Welt wäre, ist schon merkwürdig. Aber auch wenn man das „weil" im konditionalen Sinne deutet, ist das Ergebnis nicht im Sinne Gabriels. Wir konstruieren ständig Weltbilder (was er zudem einräumt, denn er will gegen „alle" Weltbilder argumentieren (ebd.)). Also – existiert die Welt. Natürlich propagiert auch Gabriel nolens volens ein Weltbild („Die Welt existiert nicht!" ist ein solches). Nur wie er sein Weltbild rechtfertigen will, wenn die Ursache desselben (eben die Welt) kausal nicht wirksam werden kann (weil es sie nicht gibt), bleibt schleierhaft.

Unzweifelhaft haben wir viele verschiedene Weltbilder, aber vielleicht ist uns nicht immer bewusst, dass es sich um ein „Bild", also um eine Darstellung, eine Repräsentation, natürlich oft genug nicht um ein naturalistisches oder realistisches Abbild, sondern um eine höchst individuelle und zugleich kulturell imprägnierte Fiktion handelt, die möglicherweise zutiefst in unserer biologischen, biografischen und sozialen Existenz verwurzelt ist. Indem ich dies schreibe, wird mir bewusst, dass auch die Annahme einer „Verwurzelung" ja Teil eines – naturalistischen! – Weltbildes ist. Wurzeln findet man gewöhnlich im Wald, erst sehr viel später in der Küche, in der Sprache und im Mathematikunterricht. Ebenso gewiss ist, dass die Bild-Metapher nicht in jedem Fall hilfreich ist. Denn wir schauen uns die Welt nicht nur an, sondern wir existieren „in" ihr. Auch die lokale Präposition „in" wird uns noch beschäftigen müssen, gerade im Zusammenhang mit Gabriels neuer Ontologie. Aber es ist schon viel gewonnen, wenn wir unser Bild von der Welt nicht mit der Welt verwechseln. Das gilt natürlich auch für die Befunde der Neurobiologie, die auch nicht als „nackte Tatsachen" genossen werden können, sondern eingebettet sind in theoretische Annahmen, wissenschaftliche Methoden, philosophische Frage-stellungen und Interpretationsmuster, die ja unabhängig von den faktischen Ergebnissen der Forschung bestehen. Als herausragende Beispiele seien Benjamin Libets Experimente genannt, die die Willensfreiheit beweisen sollten (was schon Kant, der „Erfinder" des modernen Konzepts der Willensfreiheit, für unmöglich hielt) und Gerhard Roths Interpretation der Neurobiologie im Kontext des Kantischen Konstruktivismus bzw. transzendentalen Idealismus. Wenn hier nochmals die Frage nach der „Denkbarkeit der Welt" gestellt wird, dann auch mit dem Hintergedanken, dass Weltbilder grundsätzlich kritisierbar sein und bleiben müssen, ohne dass man sie gleich in Bausch und Bogen alle verwerfen müsste, wie Gabriel es in stark aversiver Reaktion gegen jeden Konstruktivismus und metaphysischen Realismus für nötig und für – möglich hält. Es ist nicht möglich. Und auch nicht nötig. Jedes einzelne Weltbild mag für sich falsch sein, alle zusammen können es nicht sein. Dann gäbe man das Denken auf. Und so sieht es ja auch Gabriel. Alle Weltbilder sind falsch? Nein, eins zumindest ist richtig und wahr – seins. Gabriels „Neuer Realismus" wird hier auch nur deshalb diskutiert, weil er die lang erhoffte, breit aufgestellte Bewegung gegen den neurobiologischen Konstruktivismus, den metaphysischen Realismus der Naturwissenschaften und den postmodernen Wahrheitsrelativismus verkörpert. In seiner Kritik am Konstruktivismus ebenso wie am Alleinvertretungsanspruch der physikalischen und biologischen Wissenschaften in Bezug auf unser Welt- und Menschenbild kann man ihm weitestgehend beipflichten. Aber im Unterschied zu den Entwürfen von John Searle, Thomas Nagel und Umberto Eco beispielsweise sind seine Einsichten so unterhaltsam wie im Grundsätzlichen fragwürdig und überspitzt (was nicht heißen soll, dass die Genannten nicht sogar noch unterhaltsamer wären!) Es sind nicht nur Probleme der „Fundamentalontologie", die hier angesprochen werden, sondern weitreichende Aspekte, die auch für politische, pädagogische und moralische Diskurse relevant sind (beispielsweise für die mediale Inszenierung des politischen Diskurses, die Konzeption von Lehrbüchern und Curricula an Schulen und Hochschulen, die falsch verstandene konstruktivistisch-relativistische Toleranzidee!).

Die konstruktivistische Versuchung

Wenn im Gewand profunder empirischer Wissenschaft eine falsche Philosophie daherkommt, steht auch der Ruf der betreffenden Wissenschaft auf dem Spiel. Dies ist, scheint mir, bei der Neurobiologie der Fall, die mit ihren spekulativen und irreführenden Interpretationen ihrer eignen Forschungs-ergebnisse in den letzten zwei Jahrzehnten maßgeblich daran beteiligt war, das humanistische und an der Aufklärung orientierte Menschenbild zu zerstören. Dann scheint es notwendig, nicht die ausgearbeiteten Lösungsvorschläge flächendeckend zu verbreiten, sondern wieder ein kritisches Problembewusstsein zu wecken. Nicht nur Fachleuten sollte das Recht eingeräumt werden, über die Interpretation von empirischen Daten und darauf gestützten Theorienbildungen zu urteilen, sondern jedem, der sich mit kritischem Verstand sachkundig gemacht hat. Andernfalls wäre die Flut an Publikationen gerade im Bereich der Neurobiologie eine Einbahnstraße, die der Ideologiebildung Vorschub leistet. Schon jetzt sind die typischen Immunisierungsstrategien – besonders bei Gerhard Roth und Wolf Singer – erkennbar, die jede Kritik im Keim zu ersticken versuchen. Als einschlägiger Beleg aus einer Vielzahl von Beispielen sei aus Roths neustem

Buch zitiert, in dem er seine alte These von 1994 wiederholt und dann, an seine Kritiker adressiert, schreibt: „Auch wenn jedem Philosophen und sonstigen Gebildeten diese erkenntnistheoretische Unterscheidung geläufig sein müsste, weil sie logisch und empirisch zwingend ist, verstoßen viele Philosophen gegen sie." (Roth/ Strüber 2015[4], S. 238). Es ist zwar nicht ganz klar, worauf sich das anaphorische „diese" bezieht, aber wahrscheinlich auf die Unterscheidung zwischen dem „wirklichen" und „realen" Gehirn in den Sätzen davor. Zu einer gediegenen Immunisierungsstrategie gehört es bekanntlich, dass die eigene Position als „logisch denknotwendig" bezeichnet wird und dass dem Gegner entweder Unkenntnis oder Unfähigkeit zum logischen Denken vorgeworfen wird. Oder beides, wie im Zitat, denn entweder ist dem widerspenstigen Philosophen die Unterscheidung geläufig, dann denkt er nicht richtig, oder sie ist ihm nicht geläufig, dann ist er aufgrund seiner Unkenntnis ohnehin nicht urteilsfähig – so einfach kann der Umgang mit Kritikern sein! Woran erinnert uns das wohl?

Wissenschaft ist ein kritisches Geschäft, das auf empirischen Daten und logischem Denken basiert. Vor allem basiert die wissenschaftliche Methodik auf ihrer Unabhängigkeit von materiellen Annahmen. Offenkundige Paralogismen können – der breiten Propagierung des „neuen Menschenbildes" sei Dank – auch von Fachfremden erkannt und benannt werden. Eine Kritik – auch eine „immanente" - sollte im Idealfall die eigenen Prämissen explizieren, von denen sie ausgeht. So argumentiere ich in diesem Essay nicht nur gegen den Konstruktivismus, den metaphysischen Realismus (in einer seiner Varianten) und gegen den sogenannten „Neuen Realismus" (in einer seiner Varianten), sondern auch für eine bestimmte Position. Ich plädiere für die Annahme einer ontologisch objektiv, d.h. von aller Konzeptualisierung unabhängig existieren Welt als So-Sein der Wirklichkeit und zugleich für eine epistemologisch abhängige Konzeptualisierung der Welt. Welt- und Menschenbilder sind Konstrukte, Welt, Mensch und seine Wirklichkeiten sind keine. Meines Erachtens ist es der logische Hauptfehler in der Interpretation der neurobiologischen Befunde, sie nicht als Ergebnis der Anwendung wissenschaftlicher Methoden zu sehen, sondern ihre Ergebnisse zum vermeintlichen Ausgangspunkt einer Neubeschreibung des menschlichen Erkenntnisvermögens zu machen. Dabei wirken im Hintergrund Interpretationsmodelle, die nicht aus den empirischen Befunden folgen, sondern ihnen vorgeschaltet werden, so beispielsweise Kants transzendentaler Idealismus. Im Ergebnis sind dann die konstruktivistischen Interpretationen auch zirkulär bzw. selbstwidersprüchlich, wie ich weiter unten zeigen werde. Ich halte es für möglich und auch für wahrscheinlich, dass die objektive Realität denkbar und in einem zweiten Schritt auch erkennbar und verständlich ist, aber ich glaube nicht, dass dies daran liegt, dass wir sie selbst herstellen oder „machen" (sei es auch nur mittels unserer Erkenntnisfähigkeiten, unseres Verstandes und unserer Technologien bzw. mittels unseres Gehirns, auch nicht eines dubiosen realen Gehirns). Es gilt, Vicos Diktum – verum factum – neu zu überdenken und es epistemologisch und nicht ontologisch zu interpretieren. Die in Kauf genommene Asymmetrie zwischen objektiver und subjekt-relativer Realität stellt aus meiner Sicht keinen Einwand gegen diese Position dar. Ich sage mit dieser These weder, dass es eine „wahre" Welt hinter der „falschen" bzw. konstruierten, weil nur „subjektiven" Erscheinungswelt gibt, die „irgendwie" aber doch erkennbar sei; noch behaupte ich implizit, dass es eine vermeintlich denknotwendige Welt hinter der phänomenalen Welt gibt, die wir aber niemals „erkennen" können, wie dies Gerhard Roth in der Tradition Kants behauptet. Roths vermeintlich denknotwendige Annahme eines unerkennbaren „realen Gehirns" folgt nur scheinbar aus den empirischen Befunden der Neurobiologie. Nach dem Muster eines transzendentalen Arguments meint er die Annahme eines „Gehirns an sich" als denknotwendig - als Bedingung der Möglichkeit von Erfahrung - ausweisen zu können. Tatsächlich handelt es sich um eine willkürliche, prinzipiell erfahrungstranszendente ontologische Satzung, die nur deshalb vermeintlich notwendig wird, weil die realistische Interpretation der empirischen Fakten scheinbar zu einem Widerspruch führt. Das „reale" Gehirn ist also eine klassische Ad-hoc-Annahme, die aus dem argumentativen Debakel indes nicht herausführt, aber ein bezeichnendes Licht darauf wirft, was Gerhard Roth unter denknotwendig versteht. Gegen den radikalen Konstruktivismus werden seitens der „Neuen Realisten" verschiedene Argumente ins Feld geführt, allen voran die Argumente des logischen und des performativen Widerspruchs. Dann folgen die Argumente des fehlenden (erkennbaren) Konstrukteurs und das Argument aus der Faktizität, das ursprünglich von Wittgenstein stammt: irgendwann stößt die Schaufel auf Grund und biegt sich zurück. Aber was ist mit der Möglichkeit, dass die beiden Thesen leicht modifiziert – die Welt ist epistemologisch konstruiert, aber ontologisch nicht konstruiert - zugleich wahr sein könnten, dass es sich also nur oberflächlich betrachtet um einen Gegensatz handelt, was wir ja zunächst nicht ausschließen können? Dann könnte man sagen:

Die Welt ist epistemologisch abhängig von einem Beobachter und sie ist zugleich eine Realität unabhängig von jedem Beobachter.

Dann würde es sich nicht mehr um einen Gegensatz, sondern um Differenzen in unterschiedlichen Hinsichten handeln, soviel ist klar. Damit wäre der Konstruktivismus auf ein beherrschbares und vernünftiges Maß zurechtgestutzt und Gabriels Argumentation gegen das Abhängigkeitspostulat könnte so nicht aufrechterhalten werden. Freilich ist die Aussage von der epistemologischen Abhängigkeit der Welt selbst noch wenig erhellend. Es ist denkbar und sogar naheliegend zu behaupten, dass „x ist abhängig von y" nicht „x ist eine Konstruktion von y" bedeutet. Schließlich sind Kinder, die von ihren Eltern abhängen, keine Konstruktion der Eltern. Zunächst müssen wir Klarheit darüber gewinnen, um welche Art von Begrifflichkeit es sich handelt und ob hier die Prädikate „wahr" und „falsch" überhaupt am Platz sind. Das ist besonders deswegen wichtig, weil die Frage, ob es sich um gegensätzliche Thesen handelt, davon abhängt, ob sie wahr oder falsch sein können. Das bedeutet, dass wir irgendwie entscheiden können müssen, welche These wahr ist, welche nicht. Immerhin bewegen wir uns auf dem „Kampfplatz" der Metaphysik, der mit seinen „ewigen Streitereien" nur „Chaos" und „Verwüstung" (Kant) anrichtet. Haben wir es überhaupt mit entscheidbaren Fragen oder doch nur mit schlechter Poesie zu tun? Wie wir wissen, schlug William James vor, die Frage zu stellen, ob die Antwort auf philosophische Fragen einen praktischen Unterschied mache. Der pragmatische Test ist positiv, denn es macht schon einen Unterschied, ob ich die Welt und ihre Wirklichkeit für „meine Vorstellung" oder für eine „soziale Konstruktion" halte oder ob ich glaube, dass ich mit meinen Vorstellungen und wir mit unseren Konstruktionen an ihr scheitern können. Denn bisweilen sind auch die Vorstellungen der anderen und die sozialen Konstrukte andere Gruppen die „harten Fakten", die wir jenseits unserer eigenen Interpretationen anerkennen müssen. Aber diese

„harten Fakten" können auch einer Kritik unterzogen werden. Der neurobiologische Konstruktivismus ist nicht so hieb- und stichfest, wie uns vor allem Gerhard Roth glauben machen will. Um das zu zeigen, müssen wir nicht einmal die Inexistenz der Welt behaupten.

Das zeigt folgende Darstellung und Kritik von Roths Hauptargument (Roth/ Strüber 2015[4], S. 237 f.):

1. Die Bedingung der Möglichkeit von Erfahrung ist das (wirkliche) Gehirn.

2. Die Erlebniswelt ist ein Konstrukt unseres (wirklichen) Gehirns (was kein Fachmann bezweifelt = Argument aus der Autorität).

3. Unser (wirkliches) Gehirn ist ebenfalls ein Konstrukt unseres (wirklichen) Gehirns (weil und sofern es ein Element unserer Erlebniswelt ist, z.B. als Gegenstand empirischer Forschung, woraus die Annahme 1 folgt).

4. Annahme 1 und 2 führen auf einen Widerspruch, da das (wirkliche) Gehirn eine echte Teilmenge von sich selbst wäre, was logisch ausgeschlossen werden muss.

5. Also gilt notwendig: Das (wirkliche) Gehirn samt seiner Wirklichkeit ist das Konstrukt eines unerforschlichen (realen) Gehirns.

6. Bedingung der Möglichkeit von Erfahrung ist also das (reale) Gehirn.

7. Entweder ist These 1 wahr oder These 6.

8. These 1 ist wegen These 2 und dem resultierenden Widerspruch (These 4) falsch.

9. Also These 6.

Strenggenommen „folgt" These 6 nicht einmal aus den übrigen Thesen, da es sich nur um eine willkürliche Adhoc-Annahme aus These 4 handelt (ex falso segitur quot libet), um die übrigen Thesen zu retten. Die Annahme eines unerforschlichen „realen" Gehirns folgt also nicht denknotwendig aus der (angeblich falschen) Prämisse 1, sondern ist ziemlich willkürlich. These 5 bzw. 6 kann außerdem wissenschaftlich nicht überprüft werden, da das (reale) Gehirn kein „Gegenstand unserer Erfahrung" ist. Roth missbraucht also die Form des transzendentalen Arguments, um, im Unterschied zur viel feinsinnigeren Analyse Kants, ein „materiales" Postulat einzuführen. Dabei muss man freilich anmerken, dass das „reale" Gehirn keine Eigenschaften unserer „Erlebniswelt" aufweist: es hat keine Ausdehnung, keine materiellen Qualitäten, keine sekundären Qualitäten, es existiert nicht in der Zeit und es hat keine kausale Kraft. Ferner missbraucht Roth die Lizenz zum Postulat abstrakter, theoretischer Entitäten, die in den üblichen wissenschaftlichen Verfahren den Charakter von Hypothesen haben, die man an der

Erfahrung überprüfen (können) muss. Doch das „reale" Gehirn ist keine wissenschaftliche These, seine Annahme ist auch nicht denknotwendig, sondern eine Verlegenheitslösung, wie schon Kants „Ding an sich". Es folgt also ziemlich offenkundig, dass alle Annahmen falsch sein müssen, bis auf die erste, woraus folgt: Unsere Erlebniswelt ist kein Konstrukt unseres wirklichen oder eines ominösen „realen" Gehirns (Thesen 5 und 6) und – „kann es auch nicht sein". Folglich ist sie auch nicht nur „unsere Erfahrungswelt". Allerdings gilt: Die Bedingung der Möglichkeit von Erfahrung ist das (wirkliche) Gehirn. Denn ohne mein wirkliches, tatsächliches Gehirn könnte ich keine Erfahrungen machen. Es ist zumindest eine notwendige Bedingung. Genau das zeigt ja die Neurobiologie im Detail.

Das Problem des neurobiologischen Konstruktivismus besteht darin, dass der empirische Befund der Konstruiertheit unserer Erlebnis- und Erfahrungswelt so offenkundig zu sein scheint, wenn man sich die neurobiologischen Ergebnisse „anguckt". Die neuronale Reizverarbeitung wirkt als ausschließliche Quelle unseres alltäglichen In-der-Welt-Seins inklusive allen Wahrnehmens, Fühlens, Denkens und Handelns tatsächlich merkwürdig. Aber das ist noch lange kein Grund, uns von rationaler Argumentation zu suspendieren. Denn auch andere Interpretationen sind ja denkbar (wenn auch keine „denknotwendig"). Schließlich „gucken" wir uns die neurobiologischen

Ergebnisse nicht einfach an, sondern interpretieren sie schon, wenn wir von „Reizverarbeitung", „Quelle" von Erlebniswelt oder In-der-Welt-Sein etc. reden. Bei Licht besehen steckt die Neurobiologie in einem erkenntnistheoretischen Dilemma, das meines Erachtens nicht durch das überflüssige und selbstwidersprüchliche Postulat eines unerkennbaren „realen Gehirns" gelöst werden kann, sondern nur durch eine realistische Deutung ihrer Ergebnisse, die den wissenschaftlichen Standards genügt. Dazu gehören die Aufdeckung der Erkenntniswege und vor allem die Unterscheidung zwischen Entdeckungszusammenhang und Wirkungszusammenhang, zwischen Epistemologie und Ontologie. Ich glaube, dass Fortschritte in der Entdeckung der Welt mittels konstruktiver Verfahren möglich sind. Die Ausbildung des modernen physikalischen Weltwissens war nur mittels konstruktiver Verfahren möglich. Daraus zu schließen, dass die Welt der Physik (Genitivus objectivus) selbst eine Konstruktion sei – auch zu diesem Schluss ist Roth verpflichtet -, halte ich für einen Trugschluss, der genau darauf basiert, dass die Epistemologie nicht sauber von der Ontologie getrennt wird. Die Frage „Was gibt es?" muss von der Frage „Woher weiß ich, was es gibt?" unterschieden werden, andernfalls konfundieren Wissen und Sein. Dann bleiben Zirkelschlüsse oder Paradoxien nicht aus. Der kritische, wissenschaftliche Realismus basiert geradezu auf dieser Unterscheidung. Ich argumentiere hier also für die These, dass die Welt inklusive Beobachter objektiv existiert – die Welt also denkbar ist. Dass wir sowohl uns selbst und unsere Erkenntnisverfahren als auch die übrigen Gegenstände der Erkenntnis begreifen können, das ist zumindest eine Hoffnung, die sich mit der Denkbarkeit einer objektiven Realität verknüpft.

Diese erweiterte Welt nenne ich nach einem bestimmten Alltagsgebrauch einfach Welt oder „gesamte Wirklichkeit" (Wittgenstein). Diese Welt umfasst beispielsweise auch die bisher entdeckten Naturgesetze, in deren Rahmen ja auch Roth argumentiert. Ferner argumentiere ich dafür, dass diese Welt für den Beobachter nicht nur in Form von Repräsentationen „gegeben" ist, sondern dass er selbst ein Teil dieser für ihn erkennbaren „realen" („fundamentalontologisch" verstandenen) Welt ist. Die Verwechslung von ontologischen (= Realität) und epistemologischen (=Wirklichkeit) Fragestellungen führt zur Verwechselung von „res" und „verba" bzw. von Beschreibungssprache mit dem, was beschrieben wird. Gerhard Roth macht zwar zurecht auf diesen Umstand aufmerksam, aber er missbraucht die begriffliche Differenzierung zur Immunisierung seines neuro-biologischen Konstruktivismus.

Die neorealistische Versuchung

Markus Gabriels Ankündigung eines „Neuen Realismus" setzte mit einem verdächtig wirkenden medialen

Paukenschlag in Deutschland ein, der im Feuilleton für Aufregung sorgte. Tatsächlich ist es der seit Langem erwartete Versuch, dem postmodernen Relativismus, Subjektivismus und Konstruktivismus einerseits, und dem wissenschaftlichen Realismus andererseits, die zu herrschenden Ideologien der Zeit geworden sind, massiv entgegenzutreten, ohne in konservative und traditionelle Argumentationsfiguren zu verfallen. Jedenfalls dem Anschein nach. Und weil nicht alles das ist, wonach es aussieht, muss man mindestens zweimal hinschauen.

Markus Gabriel beabsichtigt, alle bisherigen metaphysischen Großprojekte zu Grabe zu tragen. Dieser Versuch ist ernst zu nehmen, auch wenn er salopp und leichtfüßig daherkommt, denn erstens erhebt Gabriel einen Anspruch darauf, ernst genommen zu werden, zweitens sind die Positionen, gegen die er seinen Großangriff führt, tatsächlich inkonsistent und problematisch. Sowohl der Szientismus als auch der Konstruktivismus – die absurderweise im Fall der Neurobiologie Hand in Hand gehen – bilden zusammen nicht nur die herrschende Ideologie der Gegenwart, sondern immunisieren sich auch gegen Kritik. Das ist eine ungesunde Entwicklung. Die Frage ist nur, ob Markus Gabriel es tatsächlich glücken kann, den „Realismus" zu retten, ohne ihm noch mehr Schwierigkeiten zu bereiten. Meines Erachtens setzt Gabriel sich der Kritik aus, seine Behauptungen und Projekte selbst nicht ernst zu nehmen und sie nur leichtfertig zu benutzen, um sich ins Rampenlicht der Öffentlichkeit zu stellen. Er könnte aber auch gleichsam selbstlos seine akademische und Medienpräsenz benutzen, um einer großen Idee zum Durchbruch zu verhelfen. Es ist aber sein Stil, der Anstoß erregt, weil er es offen erscheinen lässt, ob er der Größe des Problems angemessen ist. Andererseits: Wer würde ihn hören, spräche er nicht die Sprache der Zeit? Auch Platon wählte für seine populären Schriften die dialogische Form, weil das mehr Vergnügen bereitet. Dennoch gilt, auch wenn weitreichende Gedanken im Plauderton vorgetragen werden: Philosophien sind niemals harmlos, gerade wenn sie den Zeitgeist rechtfertigen oder als Ideologie zur Rechtfertigung des individuellen und kollektiven Fühlens, Denkens und Handelns dienen. Manchmal muss man eine philosophische Position gegen ihre Verfechter bzw. gegen ihren Tonfall in Schutz nehmen. Dennoch meine ich, dass Gabriel ein zentrales Problem in unseren Weltkonzepten erkannt und benannt hat. Das Problem besteht darin, dass unsere metaphysischen Versuche, das Ganze der Wirklichkeit zu erfassen, nicht deshalb scheitern, weil wir als endliche Wesen an die Grenzen unserer Erkenntnis oder Sprache stoßen, sondern weil das Große und Ganze möglicherweise gar nicht von einem einzigen Sinnzusammenhang zusammengehalten wird. Ob Gott, Geist, Materie, Sprache, ob Logik, physikalische Grundkräfte, Evolution, ob Wille zur Macht, ob Metapher oder Diskurs: alles Monokulturen, die den bunten Flickenteppich des Seins über einen Kamm scheren. Wobei Flickenteppich nicht einmal eine treffende Metapher dafür ist, dass die Wirklichkeit nur im Plural existieren könnte. Dies Problem ist nicht neu, neu ist aber der Gestus der geradezu frivolen Leichtigkeit, mit der Gabriel verschiedene Argumentationsstränge zusammenführt und in ein auf den ersten Blick harmonisches Gesamtbild verwebt. Ob aber nicht gerade das Zusammenführen des Divergenten und der Entwurf eines vermeintlich kohärenten Weltbildes – gemeint ist seine „Sinnfeldontologie" - Gabriels Behauptung der Inexistenz der Welt und der Unmöglichkeit von Weltbildern Lügen strafen und einen nochmals „tieferen" Blick in oder auf das Problem erlauben, sei hier schon gefragt. Diese Leichtigkeit, die an Leichtfertigkeit grenzt, kennen wir natürlich als „fröhliche Wissenschaft" und die Vermutung liegt nahe, dass wir es hier mit einem jener „freien Geister" zu tun haben, denen Nietzsche den Weg bereiten wollte. Um von der Einsicht eines fehlenden Gesamtzusammenhanges dennoch zu einer Wertschätzung von allem zu kommen, ohne den Fallstricken des Relativismus, des Subjektivismus, „Interpretationismus" oder Konstruktivismus zu verfallen, das ist ein Zug, den so bisher noch keiner gemacht hat. Immerhin das verdient Beachtung. Ob der Zug zum Erfolg führt, bleibt zu überlegen. Diese Leichtigkeit verschleiert auch Gewaltsamkeiten in der Argumentation, die es aufzudecken gilt. War es das Ziel aller bisherigen

„realistischen" Versuche in der Philosophie, die eine gemeinsame Welt und Wirklichkeit als universalen Sinnzusammenhang – die Phänomene und deren Sein - zu retten, die Verständlichkeit der Natur mit der Natürlichkeit des Verstandes zu „versöhnen", Dualismen zu verhindern und Pluralisierung durch rationale Vermittlung in einem Monismus – eben in dem Konzept der einen, allumfassenden Welt - zu vereinen, so ist von diesem Ziel einer realistischen Philosophie bei Gabriel nicht mehr viel übrig geblieben außer der Einsicht, wenn sie denn eine ist, dass in einem „Pluriversum" – der Begriff stammt von William James – von unendlich vielen „Sinnfeldern", die recht besehen nicht konfligieren, weil sie nicht kommunizieren können, Streit eigentlich unmöglich geworden ist. Kritik eigentlich auch. Denn unter den je autonomen Sinnfeldern herrscht strenge ontologische Gleichheit. Und Kritik wäre ja nur aus der „Perspektive" eines normativen Universalismus gerechtfertigt, beispiels- weise aufgrund der Anerkennung einer allen gemeinsamen Vernunft oder zweiwertigen Logik. Diese universelle Vernünftigkeit hätte aber in Gabriels Ontologie keinen Ort. Sie wäre nur ein weiteres provinzielles Sinnfeld. Daher muss uns im Folgenden auch die extensiv gebrauchte Ort- bzw. Raum- Metaphorik beschäftigen, die in Gabriels Argumentation eine zentrale Funktion hat. Gabriels „Neuer Realismus" ist ein sehr friedlicher Realismus, der die Koexistenz des Unverträglichen propagiert und mithin zur politischen

Philosophie der Gegenwart avancieren könnte. Bevor dies geschieht, scheint es geraten, seine Position zu prüfen. Denn Frieden ist zwar wünschenswert, aber nicht ein Frieden der Gleichgültigkeit, sondern eben ein Frieden, der auf Kooperation, gemeinsamen Interessen, wechselseitigem Wohlwollen beruht. So sehr Gabriel auch versucht, seine Leser zu überreden, so sehr versucht seine Philosophie, dem Weltgedanken seine monomanische Zwanghaftigkeit zu nehmen. Es sind in beiden Fällen Versuche. Gabriels Konzept der „Sinnfelder" als Lösungsvorschlag zu unserer metaphysischen Misere wird sich als sehr fragwürdig erweisen, denn meines Erachtens stellen sich für die Existenz der Sinnfelder die gleichen Probleme, die Gabriel veranlasst haben, das monistische Weltkonzept zu verwerfen. Die Problemzonen seien hier kurz genannt:

1. Wenn alles, was existiert, in Sinnfeldern erscheint, worin erscheinen dann die Sinnfelder? Erscheinen sie in sich selbst, dann ließe sich das gleiche Argument auch auf die „Welt" anwenden: sie erschiene schlicht in sich selbst und wäre kein weiterer „Supergegenstand" in der „Liste" der Gegenstände. Erscheinen sie nicht in sich selbst, dann müssen sie in einem weiteren „Sinnfeld" erscheinen. Da das für alle behaupteten Sinnfelder gelten muss – um die Aussage, dass es diese unendlich vielen Sinnfelder überhaupt gibt, tätigen zu können -, ist ein Super-Sinnfeld nötig, in dem alle anderen Sinnfelder als existierend erscheinen müssten. Das aber wäre eine

Reductio ad absurdum der These von der Inexistenz der Welt. Denn Gabriels Point of View wäre ein ortloses Super-Sinnfeld, das er dann ja auch getrost „Welt" nennen könnte. Dieses Super-Sinnfeld wäre nun entweder wiederum ein spezielles, „provinzielles" Sinnfeld (nämlich das Gabriel'sche), dann würde die Sinnfeld-Ontologie einen Widerspruch zwischen Geltungsanspruch und tatsächlicher Geltung implizieren. Sie wäre einfach nur ein weiterer missglückter Weltentwurf unter den zahllosen anderen. Oder Gabriel hätte Recht und es gäbe tatsächlich diese Unendlichkeit der Sinnfelder, dann müsste er erklären, worin diese Sinnfelder erscheinen (er behauptet sie ja als existent, also müssen sie ja laut eigener Voraussetzung irgendwo erscheinen!). Das kann er aber nicht, ohne seine eignen Annahmen zu verletzen. Also kollabiert seine Sinnfeld-Ontologie.

2. Wenn es unendlich viele Sinnfelder gibt, dann ist das Argument gegen die Welt, dass sie einer unendlichen Liste gliche, die sich selbst enthalten müsste, hinfällig. Gabriel akzeptiert für seine Sinnfeld-Ontologie, was er den bisherigen Weltkonzeptionen streitig macht: ihre Unendlichkeit. Unendliche Mengen sind Mengen, die Repräsentationen ihrer selbst enthalten. Dies in der Mengenlehre akzeptierte Axiom bestreitet Gabriel für eine mengentheoretische Weltkonzeption. Dabei setzt er das Repräsentierte und die Repräsentation gleich: die Welt mit ihren Bildern. Diese Annahme ist aber unzulässig, da sie ja erste aus seiner Sinnfeldkonzeption

folgt: Gedanke und Gedachtes existieren auf die gleiche Art und Weise. Aber auch schon in dieser Annahme kommt ein ontologischer oder mereologischer Fehlschluss zum Ausdruck, denn die Menge des Existierenden umfasst hier Elemente mit inkonsistenten Eigenschaften. Also erweist sich die Sinnfeld-Ontologie auch hier als gescheitert.

3. Wenn Gegenstände keine inkonsistenten oder inkohärenten Eigenschaften auf sich vereinigen können, gilt dieses Kriterium laut Gabriel auch für Sachverhalte und Gegenstandsbereiche, also auch für Sinnfelder. Dieses Argument bildet ebenfalls einen Einwand gegen die Existenz der Welt, da sie nur als Einheit aller Eigenschaften konzipierbar wäre und folglich entweder selbst keine Eigenschaften hätte oder eben alle; dann könnte man sie aber weder individuieren noch identifizieren). Nun vereinigen aber die von Gabriel angenommenen Sinnfelder prinzipiell so viele Eigenschaften auf sich, dass sie – laut Voraussetzung – nicht individuierbar oder identifizierbar wären. Was ist beispielsweise das Sinnfeld der Physik? Neben den physikalischen Objekten, den wissenschaftlichen Methoden enthielte dies Sinnfeld ja auch die Experimente, die Forschungseinrichtungen, Forschungs-gelder, Wissenschaftspolitik, die Physiker selbst mit ihren Gedanken, die sich entweder auf physikalische Gegenstände oder Drittmittel beziehen usw. usf., d.h. das Sinnfeld der Physik wäre in sich eine Unendlichkeit inkohärenter und inkonsistenter Eigenschaften.

Dennoch können wir – in welchem Sinnfeld? – das Sinnfeld der Physik zum Gegenstand unserer Überlegungen machen. Zur Frage nach dem Ort der Vergegenständlichung ist natürlich eine Antwort naheliegend: im Sinnfeld der Wissenschaftsgeschichte und im Sinnfeld der Wissenschaftstheorie „erscheint" natürlich beispielsweise auch die Physik mit all den dazugehörigen, auch außerphysikalischen (i.e.S.) Gegenständen, wie T.S. Kuhn gezeigt hat. Zwar ist das Sinnfeld der Physik als solches abgrenzbar, aber nicht alle seine Elemente sind es. So ist das Sinnfeld der Logik, gewisser methodologischer Grundprinzipien typisch für alle Wissenschaften, darüber hinaus auch für die meisten wahren Gedanken. Auch gehören die Physiker und deren Gedanken zahllosen anderen Sinnfeldern an. Ebenso ist es noch offen, ob physikalische Grund-prinzipien, Gesetzmäßigkeiten, Kräfte und Elemente nicht auch weitere, bisher ungeahnte Reichweiten haben und weit mehr Sinnfelder betreffen, als heute denkbar sind, einschließlich der Sinnfelder des Bewusstseins. All dies ist noch offen. Gabriel erweckt den Eindruck, als wäre die Einteilung der Gegenstandsbereiche, Sinnfelder, wissenschaftlichen Disziplinen etc. abgeschlossen und endgültig. Wenn er aber für die Sinnfelder akzeptiert, dass sie mehrdimensionale, in sich nicht kohärente, vielleicht nicht einmal konsistente Elemente enthalten – warum dann nicht für die Welt? Die Sorge, dass die Welt alle Eigenschaften auf sich vereinigt und daher selbst keine

Eigenschaften hätte, scheint unbegründet. Wir bestimmen auch nicht die Eigenschaften des physikalischen Universums im Unterschied zu anderen Gegenstandbereichen, sondern eben in Hinblick auf die Tatsachen des Universums. Eigenschaften hätte sie zur Genüge, die man ja sogar voneinander unterschieden kann. Aber eine Eigenschaft hat sie bestimmt nicht, nämlich die der Inexistenz. Dies gilt übrigens für alle Eigenschaftsparadigmen, nicht hingegen für Eigenschaftssyntagmen. Die kontradiktorische Opposition eines Eigenschaftsparadigmas ist dessen Negation, dessen Nichtsein. Das Gegenteil einer Klasse von Eigenschafen sind nicht alle anderen Eigenschaften, sondern deren Negation. So bestimmen wir Vernünftigkeit nicht durch die Oppositionen der Farbigkeit, der Dichte, Schwere usw., sondern der Unvernünftigkeit, des Mangels, Defizits, der Abwesenheit von Vernunft. Der altmodische Begriff der Inexistenz oder des Nichts scheint für den Weltbegriff sehr entscheidend. Denn Welt ist alles, was nicht *nicht* existiert. Also wäre auch das Postulat von Sinnfeldern, die inkohärente und inkonsistente Eigenschaften auf sich vereinigen, eine Reductio ad absurdum seiner Sinnfeldtheorie und seiner These von der Inexistent der Welt. Denn damit fällt ein weiteres Argument gegen die Existenz der Welt.

Folgt aus all dem, dass die Welt doch existiert? Nicht notwendig, denn das Listen-, das Orts- und das Eigenschaftsargument sind ja Argumente, die Gabriel akzeptiert. Wenn er sie akzeptiert – weil sie seine These von der Inexistenz der Welt stützen -, dann ist seine Sinnfeld-Ontologie falsch, denn diese Argumente bringen auch sie zu Fall. Aber ich habe ja auch schon darauf hingewiesen, dass man sie gar nicht akzeptieren muss. Vielleicht gibt es andere Argumente gegen die Annahme, dass das monistische Weltkonzept falsch ist. Gegen das Listen-Argument spricht, dass unendliche Mengen theoretisch kein Problem sind, auch solche nicht, die Repräsentationen ihrer selbst enthalten. Gegen das Orts-Argument spricht, dass nicht alles, was existiert, lokalisiert werden muss oder kann. So existieren meine Gedanken streng genommen nicht in „mir", auch wenn „ich" sie denke. Denn mein Inneres hat physische Eigenschaften, man wird in mir keine Gedanken entdecken, wenn man meine inneren Vorgänge misst. Auch hat mein „Ich" keinen Ort. Auch Sprachen haben streng genommen keinen Ort. So wenig wie „Raum" und „Zeit" oder „Kausalität" oder gar „Existenz". Wenn man, wie Gabriel, Sinnfelder als die „Orte" bezeichnet, in denen etwas erscheint, dann muss man sich nicht nur die Frage stellen, „worin" diese Sinnfelder erscheinen (wo die „Orte" zu lokalisieren sind), sondern auch beispielsweise, in welchen Sinnfeldern welche Eigenschaften vorkommen. Wenn es allen Sinnfeldern gemeinsame Eigenschaften gäbe, wenn es also universale Überlappungsfelder gäbe, dann müsste auch Gabriel seine Lieblingsidee, dass es keinen universalen Sinnzusammenhang gibt, aufgeben.

Möglicherweise bildet alles Wirkliche eine Welt, eine kohärente und umfassende Beschreibung jedenfalls gibt es (noch) nicht. Aber das ist kein Grund, die Flinte ins Korn zu werfen. Gabriel sieht aber genau in dem parenthetischen „noch" den ganzen Denkfehler: auch in Zukunft wird es keine (wahre) einheitliche Weltbeschreibung geben können, weil es kein kohärentes Weltganzes gibt.

Zum sprachlichen Status seiner Sinnfeldtheorie, einmal die vorhin formulierten Einwände beiseitegelassen, lassen sich freilich noch weitere Fragen stellen. Die Metapher des „Feldes" erfreut sich großer Beliebtheit in den Wissenschaften, aber auch in der Alltagssprache. So spricht man von Erfahrungs-, Tätigkeits-, Wahrnehmungs-, Kraftfeld, von Übungsfeld, Schlachtfeld, Experimentierfeld, elektromagnetischen Feldern, Klangfeldern etc. Feld meint im Allgemeinen einen nicht scharf definierten Bereich einer beliebigen Dimension (wobei Bereich auch wieder eine Metapher ist). Die Metapher des „Sinnes" ist ebenso vielgestaltig: Richtungs- und Orientierungssinn, Körper- bzw. Wahrnehmungssinne, Zweck, Ziel, Absicht, Plan („Was ist der Sinn des Ganzen?", „Was hat er im Sinn?"), Sinn für etwas haben („Sie hat Sinn für Raumgestaltung oder Kampfsport.") im „Sinn von" ein Gespür, eine Begabung für etwas haben, Bedeutung, Meinung, Gedanke, Vernunft („Das hört sich sinnvoll an."). Kurz, ohne eine kritische Metaphern-Theorie wäre es schwierig, in diesem Sammelsurium von Bedeutungsnuancen zurechtzukommen. Gabriel berührt diesen Aspekt so gut wie gar nicht, sondern macht es sich mit seiner Definition von „Sinnfeld" sehr einfach: „Orte, wo überhaupt etwas erscheint". Selbst den gebräuchlichen Begriff „Ort" verwendet er metaphorisch, denn „Sinn für etwas haben" scheint mir streng genommen kein Ort zu sein. Diese stipulative Definition ist wenig hilfreich, denn sie definiert einen Neologismus durch unvollständige und vage Angaben.

Unvollständig ist sie vor allem deswegen, weil sie das Subjekt von „erscheinen" weglässt. Denn eine Erscheinung ist immer eine Erscheinung für jemanden. Es gibt nichts, was „überhaupt" und ohne Subjekt – das muss kein Mensch, aber ein Wesen mit einer minimalen sensorischen Registratur sein – schlechthin und an sich erscheint.

Das Indefinitum „etwas" glänzt ebenso durch Unbestimmtheit. Unvollständigkeit und Vagheit sind natürlich beabsichtigt; sie verschleiern vor allem, dass diese Position sehr weit von einem „Realismus" entfernt ist. Denn wenn nur das existiert, was jemandem erscheint, dann bewegt Markus Gabriel sich ziemlich haltlos in dem Fahrwasser eines subjektiven Idealismus und Relativismus. Der ganze philosophische Trick Gabriels, um die Probleme der Metaphysik zu lösen, besteht dann in zwei Schritten: In einer schlichten Identifikation von Wirklichkeit mit ihrer Erscheinung für irgendjemanden. Diese Gleichsetzung wird begründet mit der Tatsache, dass dieser Jemand inklusive seiner tatsächlichen Erscheinungen ja auch wirklich existiert.

Gabriel vermeidet also grundlegend die Redewendung: „Das scheint nicht nur so, sondern es ist auch der Fall!", die sofort die Nachfrage provoziert, woher man diese Gewissheit nehme. Stattdessen behauptet er einfach: „Das scheint so, also ist es auch so." Sein ontologischer Grundsatz lautet also „Es erscheint mir, also ist es!" Die Sinnfeldontologie erlaubt dann, den relevanten Aspekt des Erscheinens zu spezifizieren: „Gott existiert" bedeutet beispielsweise „Im Sinnfeld religiöser Praktiken und Überzeugen erscheint Gott – für mich". Ebenso wie Rapunzel im Sinnfeld von Märchen erscheint. Rapunzel ist tatsächlich kein Problem – höchstens für kleine Kinder, die glauben, dass Rapunzel auch im Sinnfeld ihres Kinderzimmers aufkreuzen könnte, um sie zu rauben. Ganz anders aber die Sache mit Gott, der soll eben tatsächlich existieren. „Es gibt Atome" bedeutet „Im Sinnfeld der Atomphysik erscheinen Atome". Radioaktiver Zerfall verursacht tatsächlich Krebs, auch außerhalb des physikalischen Sinnfeldes.

Auch erkenntnistheoretisch herrschen einige Unklarheiten. So wählt er zur Illustration des „Neuen Realismus" den Vesuv und drei Perspektiven auf den Vesuv. Er lässt es dabei aber an dieser Stelle in der Schwebe, ob der Vesuv in einem Sinnfeld erscheint. Laut Voraussetzung muss er das natürlich, nämlich im

Sinnfeld der physischen Objekte. Doch was soll das für ein Sinnfeld sein? Ist es das Sinnfeld des Alltagsverstandes oder der „normalen Wahrnehmung" oder das Sinnfeld der Geografie, der Erdphysik oder der Kartografie? In allen drei Fällen wäre es das Sinnfeld — hier wohl eher die räumliche Perspektive - einer menschlichen Person mit jeweils anderen theoretischen Konzepten und unterschiedlichen psycho-physischen Dispositionen -. Dieses Beispiel soll ja gegen den metaphysischen Realismus, gegen den naturwissenschaftlichen Reduktionismus und gegen den Konstruktivismus bzw. gegen alle weiteren verpönten — Ismen dienen. Da Gabriel aber Existenz als Erscheinung für jemanden deutet, scheint er nicht aus der subjektivistischen Sackgasse herauszukommen, denn die wichtigste anti-subjektivistische Annahme des Realismus lautet ja, dass wirklich auch das ist, was nicht erscheint, beispielsweise weil es von niemandem erkannt wird, aber dennoch kausal wirksam ist. So bestehen die meisten Erkenntnisse in den Naturwissenschaften darin, theoretische Postulate aufzustellen, die sich eindeutig auf „abstrakte" Entitäten beziehen, die nicht erscheinen, die „sich nicht an sich zeigen", sondern die logisch aus „Phänomenen" (dem, was sich jemandem zeigt) erschlossen werden müssen. Daraus kann man schließen, dass es auch Entitäten gibt, die wir niemals entdecken werden, weil unsere kognitiven Kapazitäten eben beschränkt sind. Dieser Induktionsschluss hat zwar nur Wahrscheinlichkeit, aber kategorisch abstreiten kann man ihn nicht. Gabriel hält freilich diese Annahme für widersinnig. Denn sie liefe auf das Postulat einer Wirklichkeit hinter der Wirklichkeit hinaus. Aber das wäre eine sehr statische, a-temporale Auffassung mit der Implikation einer „Hinterwelt", eines unerkennbaren X, das für allerlei Spekulationen Anlass geben könnte. Warum sollte man nicht spekulieren, wenn man das Denkbare nicht zugleich auch für das mit absoluter Gewissheit Gegebene hält? So können wir die nicht nur gedachte und in Sinnfeldern der Mythologie und Religion erscheinende Existenz von Göttern und numinosen Wesenheiten zwar nicht kategorisch ausschließen, aber behaupten können wir sie auch nicht. Eher sprechen die verbreiteten Glaubensformen gegen die Existenz solcher Wesenheiten, da wir darüber nichts wissen, außer dass einige Milliarden Menschen ein solches Wissen für sich beanspruchen. Die Annahme eines unerkennbaren Dinges an sich ist aber nicht zwingend, denn es ist ebenso denkbar, die Wirklichkeit peu à peu zu entdecken. Das impliziert aber nicht, dass sie nicht auch als nicht-erscheinende wirklich wäre. Man wundert sich, dass Gabriel vor einer solchen Annahme zurückschreckt, wo sie doch so natürlich und naheliegend ist.

Aber man sollte sich natürlich fragen, ob uns diese ganze Metaphorik nicht in die Irre führt: Erscheinen, Entdecken, Verstecken, Enthüllen, Aufklären, Verdunkeln, Verbergen, Entbergen, sich zeigen…: Das alles sind ja Raum-Metaphern, die mit Seh-Metaphern verquickt sind. So erscheint etwas nur im Raum bei einer bestimmten Beleuchtung. Oder etwas wird entdeckt, was zuvor verdeckt war, verborgen, verhüllt, auch hier wieder für den Seh-Sinn nicht sichtbar. Die ganze Metaphorik der Erkenntnis setzt dies Verhältnis von Nicht-Erscheinen und Erscheinen voraus. Im Rahmen dieser Metaphern ist Gabriels Konzeption natürlich so heiter wie ein lichtdurchfluteter Altbau, der nach einer Totalsanierung keine Geheimnisse und Verstecke oder dunklen Ecken mehr hat. Meines Erachtens ist das eine riesige Illusion, ein Fall von Schein-Transparenz. Im Folgenden diskutiere ich die drei Thesen von Gabriel noch unter anderen Gesichtspunkten:

• Es existiert alles außer der Welt (Gesamtheit dessen, was existiert).

• Alles, was existiert, existiert in Sinnfeldern.

• Alle Sinnfelder zusammen ergeben kein neues Sinnfeld.

Mit der ersten These bestreitet Gabriel die Erfolgsaussichten eines jeden metaphysischen Großprojektes, das sich die Erklärung oder das Verständnis des Weltganzen zum Ziel gesetzt hat. Die Welt im Großen und Ganzen kann nicht erkannt werden, weil es einen derartigen Supergegenstand der Erkenntnis aus logischen Gründen nicht gibt. Mit der zweiten These ist sein Gegenentwurf zu „Metaphysik" und „Konstruktivismus" charakterisiert. Sinnfelder sind Typen von Gegenstandsbereichen, in die wir „alles" einteilen. Die dritte These wendet die erste auf die zweite These an: Aus dem gleichen Grund, aus dem es die eine Welt nicht gibt, die einen Zusammenhang aller Weltvorkommnisse bilden kann, kann es auch kein metaphysisches Sinnfeld geben, das alle Sinnfelder umschließt.

Das Ganze ergibt keinen Sinn, da es das Ganze als Einheit und Zusammenhang all dessen, was existiert, nicht gibt. Es existiert keine Beschreibung, die alle Beschreibungen dessen, was „in" der Welt existiert, enthält. Als Liste wäre sie eine Liste alles Seienden. Metaphysik als Philosophie des Weltganzen strebt danach, ein System von Aussagen zu „finden", das alle Aussagen über das, was existiert, in einen kohärenten und konsistenten, d.h. widerspruchsfreien Zusammenhang „bringt". Eine solche Theorie ist nach Gabriel nicht denkbar, weil schon die Grundidee mehrere Denkfehler enthalte: einen Super-Gegenstand wie die Welt kann es nicht geben, weil er nicht individuierbar, identifizierbar und folglich auch nicht definierbar wäre, außerdem müsste er die Bezugnahmen auf ihn mitenthalten, ferner müsste die Welt in sich selbst vorkommen, um sich auf sie beziehen zu können. Die Welt kann aber nach Gabriel nicht Bestandteil ihrer selbst sein. Die Theorie über das Weltganze müsste ein Bestandteil der Theorie über das Weltganze sein, wenn man davon ausgeht, dass auch

Theorien in der Welt vorkommen. Man muss also hier zwei Thesen unterscheiden:

These A: Alle Theorien über das Weltganze sind Bestandteil jeder Theorie über das Weltganze.

These B: Jede Theorie über das Weltganze ist Bestandteil des Weltganzen.

Wenn These B zutrifft, dann folgt daraus These A. Wenn Theorien in der Welt vorkommen, dann müssen sie auch in den Theorien über die Welt vorkommen.

Aus diesem Argument zieht Gabriel den Schluss, dass die Naturwissenschaften als Theorien über die Welt unvollständig sind, da ihrer Erklärungen beispielsweise keine Theorien über die Theorien der Naturwissenschaften enthalten. Man kann natürlich die Versuche von Naturwissenschaftlern, eine solche Theorie zu liefern, zur Kenntnis nehmen. Das Problem, vor das Physiker, Evolutionsbiologen und Neurobiologen gestellt werden, wenn sie nach einer einheitlichen Theorie streben, besteht aber darin, dass sie ihre Theorien über die Welt nicht in der Objektsprache ihrer Theorien einbeziehen können, sondern diese in einer Metasprache formulieren müssen. Warum kann eine Theorie der Welt nicht sich selbst enthalten? Warum sollte das nicht möglich sein? Mengen- und klassentheoretisch gibt es Gegenbeispiele:

- Die Menge aller Begriffe ist selbst ein Begriff.

- Die Menge aller Mengen ist selbst eine Menge.

Warum dann also nicht auch: Die Menge aller Welten ist selbst eine Welt? Das aber bestreitet Gabriel: Die Menge aller Welten sei nicht selbst eine Welt, weil sie sich nicht selbst enthalten könne. Mengen, die sich selbst enthalten, sind unendliche Mengen. Warum? Wenn ich zu einer gegebenen Menge diese Menge hinzugebe, dann expandiert diese Menge gegen Unendlich, da ich dann auch die jeweils erweiterte Menge zu der gegebenen Menge hinzufügen muss. Führen diese Beispiele in logische Paradoxien? Wenn man mit der naiven Mengenlehre operiert, treten Paradoxien auf.

Denn die naive Mengenlehre geht von der Eigenschaftsinvarianz der Elemente einer Menge und von ihrer Abzählbarkeit bzw. Endlichkeit aus. Nun hat eine Menge andere Eigenschaften als ihre Elemente. Eine Menge aller Mengen, die sich selbst enthält, wäre also bezüglich ihrer Eigenschaften inkonsistent. Die logische Typen- bzw. Stufentheorie (Russel und Zermalo) reagiert ebenso darauf wie die Theorie der logischen Kategorien (Ryle). Ebenso ist Tarskis Unterscheidung zwischen Objekt- und Metasprache in diesem Argumentationszusammenhang nützlich. So wenig wie eine Universität die Gesamtheit der Universitätsgebäude ist und so wenig man eine Universität mit den gleichen Eigenschaftskategorien beschreiben kann wie ihre einzelnen Elemente, so wenig kann man Mengen und ihre Elemente „gleich behandeln", da sie unterschiedliche logische Eigenschaften haben. Die Menge aller natürlichen Zahlen ist keine Zahl, weil „Unendlich" keine Zahl ist. Das mengentheoretische Argument gegen die Existenz der Welt wirkt also nicht sehr überzeugend. Die Welt wäre eben die Menge aller Mengen, die nicht mit der Welt identisch wären. Wie steht es nun aber um Gabriels Alternative, seine Sinnfeldtheorie?

Laut Definition existiert etwas nur dann, wenn es in einem Sinnfeld erscheint bzw. alles, was existiert, existiert in einem Sinnfeld. Da laut Gabriel aber Sinnfelder genauso existieren wie andere Gegenstände der Bezugnahme auch, kann man also fragen, in welchem Sinnfeld ein Sinnfeld erscheint. Hier sind zwei Antworten denkbar: Ein Sinnfeld erscheint in sich selbst. Oder ein Sinnfeld erscheint in einem anderen Sinnfeld. Die Sinnfeldtheorie behauptet, dass wir erkenntnis- und beschreibungstheoretisch immer im Rahmen bestimmter Kontexte - Beschreibungen, Gegenstandsbereiche, Sprachspiele etc. – Aussagen über reale, imaginäre oder illusorische Gegenstände treffen. In diesen Sinnfeldern zeigt sich die Wirklichkeit, wie sie an sich ist. Die Realität ist genauso, wie sie in diesen Sinnfeldern erscheint. Es gibt keine Realität hinter den Sinnfeldern. Es gibt auch keine Möglichkeit, die Realität ohne Sinnfelder zu erkennen. Die einzelnen Sinnfelder konstituieren also das, was als real erscheint. Und dies Erscheinen ist dann die Realität.

Gabriel behauptet weiter, dass die einzelnen Sinnfelder ebenfalls real sind. Im Sinnfeld der Physik erscheint die Realität als Menge von Teilchen und Kräften, die aufgrund bestimmter Gesetze, die wir erkennen können, kausal wechselwirken. Aber wo und wie ist dieses Sinnfeld der Physik real? Um ein SInnfeld zu beschreiben, benötigt man ein weiteres Sinnfeld, in dem man das erstgenannte Sinnfeld erscheinen lässt. Ad infinitum.

Gabriel argumentiert gegen den metaphysischen Realismus, dass die „Realität" nicht unabhängig von unseren Überzeugungen existiert. Wäre sie unabhängig von unseren Überzeugungen, dann wäre sowohl die Aussage „Es gibt eine objektive, an sich seiende, für uns unerkennbare Realität" sinnlos, da eine Bezugnahme und Identifikation unmöglich wären. Es wäre aber auch die entgegengesetzte Aussage sinnlos, dass es eine solche Realität nicht gäbe. Ontologisch sind Aussagen bezüglich etwas prinzipiell Unerkennbaren alle gleichermaßen sinnlos. Das Sprachspiel läuft leer. Deswegen ist auch der philosophische Streit darüber eher ein Spiel mit Worten als eine ernstzunehmende Sache. Es gäbe niemals eine Möglichkeit der Verifikation, Falsifikation oder auch nur Identifikation des fraglichen Sachverhalts. Diesem Argument stimme ich zu. Eine Unabhängigkeit unserer Überzeugungen von der Realität zu behaupten, führt also ins leer. Aber das Umgekehrte gilt nicht.

Gabriels Beispiel vom Vesuv zeigt eindrücklich die Argumentationslücke. Kontexte, Gegenstandsbereiche etc. – stehen in einem bestimmten Verhältnis zu den Gegenständen, auf die sich beziehen. Wichtig ist, dass die Identitätskriterien und Eigenschaftszuschreibungen wahr sein können, wenn sie tatsächlich Eigenschaften der Objekte abbilden. Insofern vertritt Gabriel die klassische Wahrheitstheorie, mit der Einschränkung, dass die entsprechenden Aussagen kontextrelativ sind. Die Struktur und die Eigenschaften von Dingen, Gegenständen, Tatsachen, Gegenstandsbereichen determiniert zwar nicht die alleinig wahren Aussagen, beschränkt aber den Bereich, in dem diese wahr sein können. Wir verknüpfen nun Tatsachen zu komplexen Sachverhalten, indem wir beispielsweise genetische, kausale, intentionale Beziehungen zwischen ihnen herstellen, wodurch Ereignisse und Tatsachen, die scheinbar unabhängig voneinander sind, in Beziehung zueinander gebracht werden. Diese postulierten Beziehungsstrukturen erheben ebenso wie Tatsachenbehauptungen den Anspruch auf Wahrheit. Warum nun soll es undenkbar sein, die „Welt" systematisch und kontinuierlich auf diese Weise zu „rekonstruieren"? Warum sollte es undenkbar sein, wahre Zusammenhänge zwischen scheinbar isolierten, autonomen und unabhängigen Dingen, Tatsachen, Sachverhalten, Gegenstandsbereichen zu erkennen? Lässt man diesen Gedanken zu, dann ist es klar, dass Gabriels Argument eine gewisse Willkür anhaftet, wenn er einen einzigen Zusammenhang alles Seienden ausschließt. Denn sein logischer, mengen- oder klassentheoretischer Einwand ist nicht sehr zugkräftig. Das Problem besteht vor allem darin, dass Gabriel nur Einwände gegen einen mengen- und klassen- theoretischen Weltbegriff formuliert. Dabei bedient er sich natürlich der Behälter-Metapher oder Listen- Metapher. Die Welt ist ein Behälter, der alles enthält. Wenn er alles enthält, müsste er sich auch selbst enthalten. Hier wird das Wörtchen „alles" missbraucht, d.h. mehrdeutig verwendet. Man könnte das Argument schnell entschärfen, indem man formuliert: die Welt ist alles, was der Fall ist (Wittgenstein). Da das eine unendliche Gesamtheit ist, ist die Welt diese unendliche Gesamtheit. Logischerweise – aufgrund des Identitätsoperators „ist (gleich)" – braucht dann die Welt nicht nochmals in sich selbst vorkommen! Wasser ist H_2O bedeutet nicht, dass Wasser zusätzlich zum H_2O in sich selbst vorkommen muss. Die Gesamtheit aller Menschen ist zwar nicht wiederum ein Mensch, der Teil dieser Gesamtheit wäre. Aus diesem Grund nennt man diese Gesamtheit auch Menschheit. Die Gesamtheit aller Dinge ist nicht wiederum ein Ding, die Gesamtheit aller Tatsachen aber wäre tatsächlich wiederum eine Tatsache. Aber an dieser Stelle zeigt sich, dass man Tatsachen nicht wie Dinge behandeln und zu Mengen zusammenfassen kann. Tatsachen sind wahre Aussagen über das Bestehen von Sachverhalten. Es ist eine Tatsache, dass alle wahren Aussagen Tatsachen sind.

Diese Tatsache – die Gesamtheit aller Tatsachen – nennen wir eben Welt. Wo ist das Problem?

Das Abhängigkeitspostulat

Gabriel bearbeitet tatsächlich ein wichtiges philosophisches Problem, das den meisten metaphysischen Ansätzen zugrunde liegt Die beiden konkurrierenden Antworten auf die Problemfrage, ob und inwiefern die Welt denkbar sei, lauten (vereinfacht):

These

1.   Die Welt ist eine Wirklichkeit abhängig von einem Beobachter.

Daraus wird auch häufig geschlossen:

2.   Jeder Beobachter konstruiert sich seine eigene Welt.

Gegenthese

3.   Die Welt ist eine Realität unabhängig von jedem Beobachter.

Daraus wird auch häufig geschlossen, da die Welt ohne Beobachter gedacht wird:

4.   Die reale Welt ist unerkennbar für jeden Beobachter.

Der Versuch, beide Thesen zu vereinigen, sieht zunächst folgendermaßen aus:

Kompatibilitätsthese

5.   Die Welt ist sowohl abhängig von einem Beobachter als auch (zugleich) eine Realität unabhängig von jedem Beobachter.

Es ist offenkundig, dass man bei These 5. einen veränderten Sprachgebrauch einführen und die Hinsichten der Abhängigkeit klar benennen muss, sonst würde der Weltbegriff mehrdeutig verwendet werden. Mehrdeutigkeit und Vagheit sind grundsätzlich kein Problem, wenn sie innerhalb eines Ansatzes vermieden werden. Ferner muss diese These auf ihre Implikationen hin untersucht und es muss eine angemessene Interpretation für sie gefunden werden. Ein möglicher Vorschlag, den ich in diesem Essay vertrete, lautet:

6. Die Welt ist epistemologisch von mindestens einem Beobachter abhängig und ontologisch von jedem Beobachter qua Beobachter unabhängig.

Dabei argumentiere ich dafür, die Bereiche der Ontologie und der Epistemologie wieder stärker zu trennen, da sonst die Erkenntnistheorie dazu neigt, den Führungsanspruch anzumelden. Zugleich müssen beide Bereiche so aufeinander bezogen werden, dass ihre wechselseitige Abhängigkeit erkennbar wird. These 5. wäre ohne die qualifizierten Hinsichten – in meinem Vorschlag schlicht die Dimension des Erkennens und die des Existierens – widersprüchlich oder mehrdeutig. Mit der Konfundierung von Erkenntnistheorie und Ontologie ist die starke Tendenz verbunden, in einer relativistischen, subjektivistischen, idealistischen, konstruktivistischen oder solipsistischen Sackgasse zu landen, aus der heraus der Geltungsanspruch objektiv wahrer Aussagen schwer einzulösen ist. Die Versuche einer „Transzendenz des Ego" (Sartre) sind ebenso problematisch wie die Versuche, mittels einer erweiterten intersubjektiven Basis die grundlegenden wahrheits- und erkenntnistheoretischen Probleme zu lösen. Denn auch das andere Subjekt muss erkannt werden und seine Geltungsansprüche müssen eingelöst werden können, ohne wiederum auf einen intersubjektiven Diskurs Bezug nehmen zu müssen. Der Lösungsvorschlag von Markus Gabriel lautet:

7.   Die Welt als Wirklichkeit ist weder abhängig von einem Beobachter noch ist sie (zugleich) eine Realität unabhängig von jedem Beobachter.

Daraus schließt Markus Gabriel:

8.   Die Welt existiert nicht.

Es sei hier schon angemerkt, dass, abgesehen von der These, dass die Welt nicht existiert, Markus Gabriel beide Varianten 3. und 4. zugeschrieben werden können. Es wird einer näheren Analyse bedürfen, um herauszufinden, welche These Gabriel tatsächlich vertritt. Denn in seinem populärphilosophischen Bestseller „Warum es die Welt nicht gibt" (2013) vertritt er die These, dass „Welt" und „Beobachter" gleichermaßen existieren. Das impliziert zwar kein Abhängigkeitsverhältnis – „Welt" und „Beobachter" könnten ja auch unabhängig voneinander existieren -, aber die Unabhängigkeitsthese spräche für einen ontologischen Dualismus, den er radikal ablehnt. So argumentiert er folgerichtig auch gegen die Unabhängigkeitsthese. In seinem Vorwort zu der von ihm herausgegebenen Anthologie „Der Neue Realismus" (2015) vertritt er die These, dass das Abhängigkeitspostulat, wie man es nennen könnte, grundsätzlich problematisch ist bzw. dass beide Varianten falsch bzw. problematisch sind. Markus Gabriel versucht also einen Standort jenseits der Bejahung und Verneinung des Abhängigkeitspostulats zu etablieren. Das bedeutet auch, dass er den Dualismus von Subjektivität und Objektivität meint überwunden zu haben. Sowohl die These von der Bewusstseins- abhängigkeit der Welt wirft Probleme auf als auch die entgegengesetzte These. Letztere weist er nachgerade als absurd zurück, da sie seiner Meinung nach nicht auf das Bewusstsein anwendbar sei. Vom Bewusstsein zu behaupten, es existiere bewusstseinsunabhängig oder es existiere gar nicht, klingt allerdings auch merkwürdig. Aber schon in der Wahl des Terminus „Bewusstsein" zeigt sich eine gewisse Willkür, wie wir später noch sehen werden. Da er das Abhängigkeitspostulat zurückweist, müsste man ihm die These 4. zuschreiben. Es wird auch zu diskutieren sein, ob seine These von der Inexistenz der Welt logisch abhängig oder unabhängig vom Abhängigkeitspostulat ist. Als Abhängigkeitspostulat bezeichne ich folgende Annahme:

9.   Die Welt ist entweder abhängig oder unabhängig von einem Beobachter.

Ist die Welt abhängig von einem Beobachter, dann schließt man gewöhnlich die Möglichkeit objektiver Erkenntnis aus; ist die Welt unabhängig von einem Beobachter, dann kann man in einer Variante eines extremen metaphysischen Realismus ebenfalls die Möglichkeit objektiver Erkenntnis ausschließen. Das Abhängigkeitspostulat selbst führt also offenbar – oder scheinbar – in ein Dilemma. Diese Aporie scheint auf den ersten Blick für die Lösung Markus Gabriels zu sprechen. Wir werden aber sehen, dass es sich dabei um einen Trugschluss handelt.

Die Ablehnung des Abhängigkeitspostulats schließt zwar die Verneinung des Postulates mit ein, also:

10.   Die Welt ist weder abhängig von einem Beobachter noch nicht abhängig von einem Beobachter (vgl. These 5).

Sie behauptet darüber hinaus aber die Irrelevanz dieser Annahme für unsere Rede über „Mensch und Welt" (Nietzsche). So lautet das Irrelevanz-Postulat:

11.   Es ist irrelevant, ob die Welt weder von einem Beobachter abhängt noch nicht abhängt.

Wie gesagt, es ist noch nicht erkennbar, welche Thesen Markus Gabriel tatsächlich vertritt, aber so viel kann man schon sagen: Er muss entweder dem Abhängigkeitspostulat zustimmen oder nicht. Wie es aussieht, lehnt er es ab. Da er aber auch zugleich behauptet, dass die Realität sowohl bewusstseinsabhängig als auch nicht bewusstseinsabhängig ist, haben wir es möglicherweise auch mit einer widersprüchlichen Position zu tun, die nicht hält, was sie verspricht. Es ist deutlich, dass die Kompatibilitätsthese widersprüchlich ist, da sie dem Satzsubjekt „Welt" das Prädikat „ist abhängig von..." sowohl zu- als auch abspricht. Mit der Spezifikation der Hinsichten „epistemologisch" und „ontologisch" ist diese These jedoch nicht mehr widersprüchlich. Wenn es möglich ist, sie zu verteidigen, was ich stark annehme, dann kann man alle übrigen Varianten zurückweisen. Auf den ersten Blick scheinen die Thesen 1. und 2. gegensätzlich. Handelt es sich um einen kontradiktorischen oder konträren Gegensatz? Wäre es ein kontradiktorischer Gegensatz, dann könnten nicht beide Thesen entweder zugleich wahr oder zugleich falsch sein. Wenn die eine wahr wäre, müsste die andere falsch sein. Wenn die Welt eine Konstruktion eines Beobachters wäre, könnte sie nicht zugleich real und unabhängig von einem Beobachter existieren. Und umgekehrt. Es könnte aber auch nicht so sein, dass die Welt weder eine Konstruktion noch eine Realität sei. Entweder ist die Welt eine Konstruktion oder sie ist eine Realität. Im Fall eines konträren Gegensatzes könnten zwar ebenfalls nicht beide Thesen zugleich wahr sein; sie könnten aber beide falsch sein: Die Welt wäre dann weder eine Konstruktion noch eine Realität (das entspräche der These 6). Analysiert man das Problem auf diese Weise, wirkt das nicht besonders befriedigend. Denn meines Wissens wurden bislang nur diese beiden Vorschläge gemacht – die Welt wird entweder „erfunden" oder „entdeckt" -, so dass wir den konträren Gegensatz ausschließen können. Wer behauptet, die Welt werde weder entdeckt noch erfunden, kommt tatsächlich in Erklärungsnot, es sei denn er behauptet: dass sie weder entdeckt noch erfunden werden könne, weil sie entweder immer genau so ist, wie sie erscheint oder weil sie gar nicht existiert und gar nicht existieren kann. Dies entspräche der Position von Markus Gabriel. Aber auch hier ist wieder nicht ganz klar, was er eigentlich behauptet: Ist die Welt nun immer genauso, wie sie erscheint oder „gibt es sie nicht"? Es scheint mir zunächst einleuchtend, dass es außer „Erfinden" und „Entdecken" keine dritte Möglichkeit gibt, in der wir uns die Welt denken. „Sein = Erscheinen" scheint mir keine gute Option zu sein, denn damit gäbe man alle „Sinnkriterien" preis, alle Unterscheidungsmöglich-keiten zwischen Wahrheit und Falschheit (Irrtum, Nichtwissen und Lüge), Erkenntnis und Irrtum, Wirklichkeit und Wahn, Wissen, Meinen und Glauben. Also bliebe die Variante übrig, wenn man die „Welt retten" will, dass es sich um einen kontradiktorischen

Gegensatz handeln müsste – wenn es sich überhaupt um einen Gegensatz handelte. Der kontradiktorische Gegensatz ist sehr streng und würde nur einem der beiden Konkurrenten den Gewinn zusprechen. Entweder die Welt existiert objektiv, auch unabhängig von einem Beobachter, oder sie existiert nur als Konstruktion. Dass die Welt streng von jedem Beobachter unabhängig existiert, wäre zwar denkbar. Immerhin postuliert die Kosmologie einen langen Zeitraum ohne Formen von Leben im bekannten Universum, die als Beobachter in Frage kämen. Aber wir erwarten von einer vollständigen Welttheorie, dass sie auch den Beobachter mit enthält. Dieser müsste ebenfalls ohne Beobachter existieren. Und das wirkt auf den ersten Blick wieder etwas merkwürdig.

Statt des Terminus „Beobachter", der in der Kopenhagener Deutung der Quantenphysik eine Rolle spielte, wurden traditionell auch andere Instanzen für diese Position eingesetzt: Geist, Seele, Subjekt, Bewusstsein, Ich, Gehirn, Diskurs, Sprache, Perspektive, die politisch und wirtschaftlich Herrschenden. Schon diese Vielfalt erlaubt ganz unterschiedliche Interpretationen der Thesen. Am gebräuchlichsten in der modernen Erkenntnistheorie seit Kant ist der Gebrauch von „Subjekt" mit dem Adjektiv „subjektiv", das sich alltagssprachlich auf die Beschränktheit einer Sichtweise bezieht, es aber offenlässt, ob auch „objektive" Sichtweisen möglich sind. Ebenso wurden statt „Welt" traditionell andere Bezeichnungen gewählt:

Sein, Kosmos, Schöpfung, Natur, Wirklichkeit, Realität, Ding an sich, Wesen, Tatsachen, das, was der Fall ist. Auch hier eröffnet sich ein Reigen vielfältiger Deutungen. Je nach dem Sprachgebrauch ergibt sich nicht nur eine andere Interpretation, sondern auch die Frage nach dem logischen Status der Thesen verändert sich. Auf Descartes geht die „moderne" dualistische Version zurück, die zwischen einer räumlich existierenden und einer denkenden Existenz unterscheidet. Mit dieser substanziellen Unterscheidung gehen andere Differenzierungen einher, die ebenfalls von großer Tragweite und heftig umstritten sind: so beispielsweise die Unterscheidung zwischen verschiedenen Erkenntnisarten (a priori und a posteriori), die zwischen unterschiedlichen Sinnesqualitäten (primär und sekundär). Um die Angelegenheit nicht unnötig zu verkomplizieren, können wir uns hier zunächst auf das Begriffspaar „Subjekt" und „Objekt" verständigen. Ontologisch fokussiert lautet die Problemfrage dann: „Existieren Objekte unabhängig von einem Subjekt?". Erkenntnistheoretisch: „Ist objektive Erkenntnis möglich?". Man sieht, dass letztere Formulierung eine Verlegenheitslösung ist, denn die zur ersten analoge Formulierung müsste ja lauten: „Sind Objekte unabhängig von einem Subjekt erkennbar?". Diese so formulierte Frage muss aus rein logisch-semantischen Gründen schon verneint werden, denn Erkenntnis ist ja immer der Erfolg einer subjektiven Handlung. Nur

Subjekte können erkennen und haben, wenn sie erfolgreich sind, Erkenntnis. Also ist objektive Erkenntnis ohne Subjekt logisch-semantisch unmöglich. Verständigen wir uns aber auf die Alltagsverwendung des Begriffes „Erkenntnis", dann meinen wir ja, dass wir um einen realen Sachverhalt wissen, ihn erkennen können. Dieser könnte dann zwar von uns erkannt werden, aber auch nur, weil er unabhängig von uns existiert. Die Erkenntnis formulieren wir in Aussagen, die wir als wahr bezeichnen können. Schon wirkt der Satz nicht mehr so unverständlich, wenn wir uns klarmachen, dass wir nur erkennen können, was auch tatsächlich, also auch unabhängig von seinem Erkannt-Sein existiert. Im Alltagsgebrauch wird also klar zwischen der ontologischen und der epistemologischen Dimension der Abhängigkeit unterschieden. Diese wichtige Unterscheidung sollten wir also auch bei der Frage „Ist die Welt denk- bzw. erkennbar?" beachten. Ebenso ist der zweiwertige Relationsbegriff „x ist abhängig von y" sehr unscharf. Es ist unklar, um welche Art von Abhängigkeit es sich handelt: ist damit eine logische, eine semantische, eine kausale, eine ontologische oder eine epistemologische Abhängigkeit gemeint? Also kann oder soll man sagen, dass die Welt logisch von einem Beobachter abhängt? Dann wäre es ein begriffliches Abhängigkeitsverhältnis. Im Fall einer semantischen Abhängigkeit wäre es eine sprachliche, die man mit Mitteln der Linguistik untersuchen müsste. Eine kausale Abhängigkeit wäre eine Frage der Naturwissenschaften. Eine ontologische

Abhängigkeit würde bedeuten, dass die Existenz der Welt von einem Subjekt abhängt. Im Fall der epistemologischen Abhängigkeit würde man sagen, dass die Erkennbarkeit der Welt von einem Subjekt abhängt.

Es zeigt sich also, dass Gabriels Option zwar die Probleme der beiden Thesen 1 und 2 parieren kann. Aber seine Lösung führt ihrerseits zu anderen Problemen, die möglicherweise durch These 6: „Die Welt ist epistemologisch von mindestens einem Beobachter abhängig und ontologisch von jedem Beobachter unabhängig." vermieden werden können. Man könnte hier noch die These 6 folgendermaßen vervollständigen: „Die Welt ist epistemologisch und semantisch von mindestens einem Beobachter abhängig und ontologisch, logisch und kausal von jedem Beobachter unabhängig." Natürlich fallen einem sofort Gegenbeispiele ein: der Laptop, auf dem ich dies schreibe, wurde von Menschen hergestellt, dass sich die Tasten bewegen, verursache ich durch meine Fingerbewegungen, die ich willkürlich aufgrund von Beobachtungen (und natürlich auch Gedanken und Absichten) steuere. Der Text würde nicht auf dem Monitor erscheinen, wenn nicht die eben genannten Bedingungen erfüllt wären. Das alles spricht gegen die ontologische, kausale und logische Unabhängigkeit der Welt, die ja auch diesen Laptop, meine Finger-bewegungen und meine Beobachtungen, Absichten und Gedanken enthält. Was mit dem Argument gemeint ist, ist aber etwas Anderes: es bedarf nicht zusätzlich eines

Beobachters (oder einer anderen Instanz), damit all das, was in diesem Moment geschieht, in dem ich dies schreibe, auch wirklich und ein Ereignis in der Welt sein kann. Hingegen ist die Leistung eines Beobachters – seine Wahrnehmung, Empfindung, seine Gedanken und sein darüber Sprechen – etwas, was den wahrgenommenen, empfundenen und gedachten Gegenständen eine bestimmte Färbung, Perspektive, Wertigkeit, Erscheinung, Bedeutung und sogar Existenzform verleiht. Diese Gegenstände existieren nicht unabhängig von ihm, sie können sogar gänzlich illusionär und fiktiv sein. Insofern ich etwas wahrnehme, mir denke, etwas fühle oder erkenne, besteht dies ETWAS in einem Abhängigkeitsverhältnis zu mir – weil ich es bin, der wahrnimmt, fühlt, denkt. Das bedeutet aber nicht, dass das, was ich wahrnehme, nur deshalb existiert, weil ich es wahrnehme. Selbst die Objekte, die ihre Existenz unserem Handeln verdanken, existieren ontologisch unabhängig von uns, sobald sie vorhanden sind. Das Werk löst sich von seinem Autor, die Kinder lösen sich von ihren Eltern, die Welt der menschliche Produkte wird Teil der objektiven Welt, die uns Menschen aller Wahrscheinlichkeit nach überleben wird.

Individuelle Existenz

> *„To be or not to be: That is*
> *the question!"*
> Hamlet, Shakespeare

Qualifizierte Existenz

Wenn Existenz kein „reales Prädikat" wäre, dann könnten wir nicht zwischen realen und fiktiven Dingen unterscheiden. Nun können wir das aber. Also muss Existenz ein Prädikat sein, eine Eigenschaft. Da aber sowohl reale als auch fiktive Gegenstände existieren, reicht das offenbar nicht, um sie zu unterscheiden. Also muss man ergänzen: „wirklich sein" oder „ist wirklich" ist die Eigenschaft, die den Unterschied macht, auch wenn wir noch nicht genau wissen, was das heißen soll. Existenz ist eine metaphysische Eigenschaft, die allem zukommt, was irgend Gegenstand einer wie auch immer gearteten Bezugnahme sein kann - was auch alle Gegenstände einschließt, deren Inexistenz im Sinne von Nichtwirklich-Sein angenommen wird, da auch die Negation eine Art der Bezugnahme ist. So können wir auf die griechischen Götter affirmativ Bezug nehmen, indem wir uns auf die griechische Mythologie und ihre materiellen Quellen beziehen, und negativ, indem wir die faktische, reale Existenz griechischer Götter negieren. Ebenso kann Markus Gabriel auf die Welt Bezug nehmen, deren Existenz er bestreitet, wodurch er ihre Existenz nachgerade bestätigt. Aber da es die griechischen Götter nur im Mythos und den Monismus nur in der Philosophie gibt, muss die Hinsicht der Existenz in den Blick kommen. So argumentiert Kant beispielsweise, dass die Welt als Gegenstand der Bezugnahme immerhin eine Idee der Vernunft (eine vernünftige Idee!) sei, also zumindest in Gedanken existiere. Diese Überlegungen führen zu einem Begriff der qualifizierten Existenz. Existenz ist ein elliptischer Ausdruck, der unterschiedliche Bedeutungen hat, je nachdem, wie man ihn expliziert. So bedeutet "existiert wirklich/real/faktisch" etwas anderes als "existiert als Gedanke, Gefühl, Wahrnehmung, Darstellung". Dabei unterscheide ich zwischen dem Gedanken bzw. Begriff und dem Inhalt bzw. Gegenstand des Begriffs. Der Gedanke an rosa Einhörner mag existieren, rosa Einhörner jedoch existieren nicht. Für letztere Weise des Gegeben-Seins wähle ich den Ausdruck "existiert fiktiv". Qualifizierte Existenz ist im Unterschied zum nicht qualifizierten Existenzbegriff eine Eigenschaft von Individuen. Denn zwar fügt auch die Existenz dem Konzept eines Individuums kein weiteres diskriminierendes Merkmal hinzu. Aber als Konzept existiert ein Individuum nur der Möglichkeit nach. Um den Übergang und Unterschied zur wirklichen Existenz angemessen verstehen zu können, benötigen wir als weitere Eigenschaft, die dem Begriff zukommt, das qualifizierende Merkmal der realen oder fiktiven Existenz. Tatsächlich haben (nur) gedachte 100 Euro andere Eigenschaften als reale 100 Euro (das gleiche gilt für Falsch- und Spielgeld), hat ein reales Kind andere Merkmale als ein bloßer, auch noch so präziser Kinderwunsch etc., kurz, Begriffe enthalten semantisch andere Eigenschaften, je nachdem, ob ihre intentionalen (referentiellen) Gegenstände tatsächlich (extentional) existieren oder nicht (bzw. auf welche Weise sie existieren). Zu einer vollständigen Deskription einer existierenden Sache gehört auch das Merkmal ihrer Existenz (als diese Sache mit ihren sonstigen Eigenschaften). Dabei unterscheide ich zwischen dem „Dass" ihrer Existenz („Sein") und dem „Was" ihrer Existenzweise („Sinn"). Während Existenz schlichtweg allem zukommt, also kein Individuum prädiziert und damit unterscheidbar macht, ist die qualifizierte Existenz Teil der Seins-Weise eines Individuums. Ein Gegenstand kommt als er selbst oder als Begriff, Beschreibung, Nachahmung, Kopie etc. vor. Aus diesem Grund nehme ich auch nicht an, dass es „Existenz" nur unter einer Beschreibung („Sinn") gibt, hingegen muss man annehmen, dass qualifizierte Existenz qua „eigentliche Eigenschaft" unter einer Beschreibung stehen kann. Eigenschaft ist alles, was prädiziert, beschrieben, innerhalb eines Begriffsrahmens qualifiziert werden kann. Das hier vertretene Existenzkonzept erlaubt es, erstens an einem metaphysischen Weltbegriff festzuhalten, insofern Existenz allem zukommt, auch dem, was aktual nicht Gegenstand einer Bezugnahme ist, zweitens weiterhin eine diskrete Ontologie zu verfolgen, die jedem

Individuum sein eigenes Sein zubilligt, - und zwar unabhängig von seinem Erkannt-Sein -, anstatt es gerade noch als "Erscheinung in einem Sinnfeld" (Markus Gabriel) zu qualifizieren. Die vorliegende Deutung verhindert auch ideologische Pseudo-Ontologien, wie zum Beispiel die Behauptung der faktischen und nicht nur deklarativen Existenz von politischen Gattungsbegriffen (Universalien), also Nationen, homogenen Völkern und geschlossenen gesellschaftlichen Systemen unabhängig vom Sein, Wollen, Denken und Handeln der Individuen.

Wozu?

Markus Gabriel wiederholt in seiner breit und gründlich angelegten Studie „Sinn und Existenz" die Doppel-These von der Inexistenz der Welt und der Existenz indefiniter „Sinnfelder", die aus seinem populärphilosophischen Essay „Warum es die Welt nicht gibt" schon bekannt sind. In der Begründung seiner beiden Thesen spielen Kant und Frege eine herausragende Rolle, da er seine Thesen in der Auseinandersetzung mit ihnen entwickelt. Von beiden übernimmt Gabriel die These, dass „Existenz kein reales Prädikat" (über Individuen) sei, sondern eine Eigenschaft von „Bereichen" oder „Begriffen" bzw. „Feldern". Für seine Zurückweisung einer diskreten Ontologie und seine Begründung der Sinnfeldontologie ist diese Annahme notwendig. Aber ist die These, dass Existenz kein reales Prädikat sei, wirklich so stichhaltig?

Ich bezweifle das und versuche meine Einwände im Folgenden zu formulieren.

Sein als Eigenschaft?

Kant unterscheidet zwei Funktionen des Verbs „sein", einmal betrachtet er es als Kopula-Verb in Prädikativa, und hier misst er ihm keine Eigenständigkeit, sondern richtigerweise nur eine das Subjekt und Prädikat verbindende Funktion zu. Natürlich ist das Verb "sein" als Hilfs- oder Kopula-Verb prima facie nicht geeignet, Eigenschaften zu kennzeichnen. Das andere Mal wird durch den Gebrauch von „sein" einfach nur das Subjekt als existierend gesetzt. In beiden Fällen ist „sein" kein eigenständiges Prädikat, das dem Begriff des Subjektes irgendetwas hinzufügt:

„Sein ist offenbar kein reales Prädikat, das ist ein Begriff von irgendetwas, was zu dem Begriff eines Dinges hinzukommen könnte. Es ist bloß die Position eines Dinges oder gewisser Bestimmungen an sich selbst. Im logischen Gebrauch ist es lediglich die Kopula eines Urteils. Der Satz Gott ist allmächtig enthält zwei Begriffe, die ihre Objekte haben: Gott und Allmacht; das Wörtchen: ist, ist nicht noch ein Prädikat, sondern nur das, was das Prädikat beziehungsweise auf das Subjekt setzt. Nehme ich nun das Subjekt (Gott) mit all seinen Prädikaten (worunter auch die Allmacht gehöret) zusammen und sage: Gott ist, oder es ist ein Gott, so setze ich kein neues Prädikat zum Begriffe von Gott, sondern nur das Subjekt an sich selbst mit allen seinen Prädikaten, und zwar den Gegenstand in Beziehung auf seinen Begriff."

Ich stimme Kant in der Analyse zum Teil zu, jedoch möchte ich im Folgenden einen weiteren Aspekt hervorheben, den er meines Erachtens nicht hinreichend beachtet hat, den Aspekt der qualifizierten Existenz.

Ich beginne mit der Betrachtung folgender Aussagen:

(1)   Hans ist blind.

(2)   Sherlock Holmes ist Detektiv.

(3)   Gott ist.

Die beiden Prädikativa „ist blind" (1) bzw. „ist Detektiv" (2) schreiben jeweils einem bestimmten „Subjekt" im Satz – in diesem Fall menschlichen Individuen als Träger von Eigennamen – bestimmte weitere Eigenschaften zu. In beiden Fällen wird dabei vorausgesetzt, dass „es" bestimmte Individuen „gibt", denen bestimmte Eigenschaften zukommen. Man nennt diese Voraussetzung, die allererst das vernünftige Reden über einen Gegenstand erlaubt, seit Strawson Existenzpräsupposition. Die Kopula "ist" ist daran unbeteiligt, sie verweist nicht auf die tatsächliche Existenz des Subjekts. Sie bedeutet lediglich, dass die Eigenschaften, auf die sich das Adjektiv bzw. Nomen beziehen, dem Subjekt zukommen. Die beiden Sätze wirken auch dann verständlich, wenn man nicht weiß, ob und inwiefern Hans oder Holmes existieren. Auch die Wahrheit der beiden Aussagen hängt nicht vom ontologischen Status der Satzsubjekte ab. Sie müssen nicht realiter, sie können auch fiktiv existieren. So ist (2) wahr, obwohl Holmes nur als Romanfigur existiert. Warum? Weil sie der Deskription, die wir von Holmes in den Werken von Arthur Canon Doyle als Romanfigur haben, entspricht. (3) ist in dieser Form ungebräuchlich, üblicher ist etwa die Formulierung "Gott existiert" oder "es gibt Gott". Auch hier werden die synonym verwendeten Prädikate nicht im Sinn einer Eigenschaftszuschreibung gebraucht. Aber die Formulierung (3) wirkt tatsächlich ungrammatisch, da man nach einem Nomen und einem Kopula-Verb eine entsprechende prädikative Ergänzung (...allmächtig, gerecht, einzig etc.) erwartet. Man kann der grammatikalischen Erwartung entsprechend aber auch schreiben:

(4)   Gott ist wirklich.

Dann wird das Prädikativum „ist wirklich" (= „existiert wirklich") als Eigenschaftszuschreibung gebraucht. Explizit gemacht, verwandelt sich die Existenzunterstellung (Präsupposition) in eine Eigenschaftszuschreibung. Handelt es sich dann um eine Eigenschaft, die dem intentionalen Gegenstand des Subjektbegriffs zukommt?

Jedenfalls ist anzunehmen, dass ohne die Existenzzuschreibung von Gott nur der Begriff übrigbliebe. Der allerdings ist real (und sehr wirkungsmächtig). Die Negation des Prädikativums „ist wirklich" in (5)

(5)   Gott ist nicht wirklich

verneint nicht das Kopula-Verb „ist", sondern lediglich das Adjektiv „wirklich" und das bedeutet, dass Gott die Eigenschaft des Nichtwirklich-Seins zugeschrieben wird, eine Eigenschaft, die ihn als einen bloßen Begriff ausweist. Sein ist also kein reales Prädikat, das eine Eigenschaft ausdrückt, da ist Kant zuzustimmen, aber ein durch eine prädikative Ergänzung erweitertes und qualifiziertes Sein fungiert als Prädikat und kann Eigenschaften zuschreiben. Die Wendung „Gott ist seiend" wirkt durch die Verwendung des Partizips etwas holperig, kann aber getrost im realistischen Sinn interpretiert werden.

Brauchen wir Eigenschaften?

Welche Funktion haben Eigenschaftszuschreibungen? Die Individuen werden durch ihre Eigenschaften notwendig und hinreichend bestimmt. Was allerdings „notwendig und hinreichend" bedeutet, hängt in den Eigenschaftszuschreibungen vom Kontext und den Funktionen der Zuschreibung ab. Häufig genügt zur Identifikation nur ein signifikantes (diskriminierendes) Merkmal, um ein Individuum zu identifizieren. In

Umgebungen, in denen Vollständigkeit erwartet wird, kann die Liste entsprechend unabschließbar werden. Normalerweise begnügt man sich aus pragmatischen Gründen für die zweckmäßigsten Varianten. Aufgrund ihrer situationsabhängig relevanten Eigenschaften können Individuen überhaupt erst als bestimmte Individuen sortiert, diskriminiert und identifiziert werden. Prima facie werden den „Subjekten" Hans und Sherlock Holmes in (1) und (2) vier Eigenschaften zugeschrieben:

a.   es sind Individuen,

b.   es sind menschliche Personen,

c.   sie sind Träger von Eigennamen,

d.   sie haben jeweils eine weitere Eigenschaft (Blindheit bzw. Detektivsein).

e.   Holmes ist eine Romanfigur/ Holmes existiert nicht wirklich

f.   Hans existiert nicht wirklich/ wurde vom Autor erdacht

Wie steht es mit (4)? Wenn wir auf unser religionsgeschichtliches Wissen zurückgreifen wollen, können wir sagen:

a'. Gott ist ein Individuum.

b'. Er ist eine nicht-menschliche Person.

c'. Er ist Träger eines Eigennamens.

d'. Er hat die Eigenschaften, allweise, allgütig und allmächtig zu sein.

e'. Er hat die Eigenschaft, wirklich zu sein.

Die Frage ist nun, ob dies „Wirklich-Sein" mit in das Merkmalscluster gehört und wenn ja, ob als „gleichgestellte" oder übergeordnete Eigenschaft, die alle anderen Eigenschaft regiert. Es scheint auf der Hand zu liegen, dass die weiteren Eigenschaften ihren Modalitätsstatus ändern, wenn sich die Existenzweise des Subjekts ändert. Auch die Eigenschaften werden wirklich, wenn die ganze Sache wirklich existiert. Also scheint reale oder fiktive Existenz eine primäre Eigenschaft zu sein, die alle anderen Eigenschaften mitbetrifft. Was sind Eigenschaften? Eigenschaften sind die Merkmale eines Gegenstandes, die sowohl die konkrete (reale oder fiktive) Existenz dieses Gegenstandes bestimmen als auch unsere Beschreibung dieses Gegenstandes. Die deskriptiven Merkmale selbst sind aber aus Merkmalskategorien (Klassen) entnommen, die an sich betrachtet noch kein Individuum spezifizieren. Daher spricht man auch bei Eigenschaften von generellen Termini. Dabei wird hier angenommen, dass Eigenschaften zunächst - also ontologisch primär - konstituierende Bestandteile einer Sache selbst sind. Als Positionen in Wahrnehmungs- und darauf aufbauend in Symbolsystemen (Sprachen) - auf die wir zurückgreifen, wenn wir Objekte wahrnehmen und beschreiben - sind sie zumeist binär codiert gespeichert. Ein Objekt, das nicht die relevanten Merkmale eines Würfels hat, kann auch nicht wahrheitsgemäß *in sensu stricto* als Würfel beschrieben werden. Natürlich ist eine metaphorische Beschreibung möglich wie in "Gott würfelt nicht." (Einstein) oder etwas "zusammenwürfeln" im Sinne von wahllos, zufällig zusammenstellen. Eigenschaften sind also zunächst Merkmale, die ein Individuum hinreichend und notwendig als ein konkretes, bestimmtes Individuum konstituieren. Die Eigenschaften "6 Seiten, gleiche Kantenlänge von 10 cm, Größe aller Winkel 90°" konstituiert allerdings noch keinen individuell-konkreten Würfel. Vielmehr vereinen die genannten Merkmale die semantisch notwendigen Eigenschaften zur Konstruktion oder Identifikation eines konkret-individuellen Würfels. Um einen bestimmten, konkret-individuellen Würfel mit den (notwendigen) Merkmalen auch als Individuum identifizieren zu können, braucht es weitere Merkmale, die vom Allgemeinen bis zum Speziellen so weit spezifiziert werden können, bis man zu einem Merkmal gelangt, das nur einen einzigen Würfel spezifiziert. Dieser hinreichend bestimmte Würfel muss auch die Eigenschaft seiner spezifischen Existenzweise zugeschrieben bekommen, da dies ihn ja möglicherweise von sonst gleichartigen, aber fiktiven Würfeln unterscheidet. Eigenschaften ordnen Individuen in einer Vielzahl von Klassifikationssystemen jeweils einer bestimmten Position zu, so dass ein Eigenschaftscluster entsteht, das diese Individuen notwendig und hinreichend bestimmbar macht. Dabei müssen die semantischen Merkmale, die abgerufen werden, tatsächlich auch am Gegenstand identifizierbar sein. Der Grad und die Feinheit der Klassifizierungen sind abhängig vom Nutzen und Gebrauch der Eigenschaftszuschreibungen. Man muss begrifflich klar zwischen den Eigenschaften unterscheiden, die eine Sache hat, und denen, die ihr zugeschrieben werden.

Existenzmodus

Die eine Frage, die sich hier ergibt, lautet: gehört auch das Gegeben-Sein der Dinge – ihr „Existenzmodus" - zu ihren Eigenschaften? Gehört zur vollständigen Beschreibung nicht auch die Beantwortung der Frage, ob und inwiefern das entsprechende Individuum auch existiert? Die Frage ist dann zunächst, auf welche Weise – in welchem Sinn – es diese Individuen „gibt". Angenommen, es gibt eine reale Person namens Hans, die blind ist, dann ist sie als reale Person gegeben. Von Sherlock Holmes wissen wir, dass er eine fiktive Figur ist, also ist er als fiktive Person gegeben. Auf welche Weise charakterisiert das Gegeben-Sein ein gegebenes Individuum? Fügt die Weise des Gegeben-Seins einer Sache eine weitere Eigenschaft noch hinzu? Ich meine: ja. Denn es macht für eine Person (und den Umgang mit ihr) nicht nur einen Unterschied, ob sie blonde, schwarze, grüne oder gar keine Haare hat, klein, groß, dick, dünn, gewalttätig, sanftmütig, freundlich, garstig, geizig oder großzügig ist, sondern auch, ob es sie als reale Person gibt oder nicht, ob sie also real ist, was bedeutet, dass ihre sonstigen Eigenschaften alle gemeinsam mit ihr selbst realisiert sein müssen. Wenn zwei Menschen sich ein Kind „wünschen", dann mögen sie sich in Gedanken – der Möglichkeit nach – alle möglichen Eigenschaften ausdenken, die das Kind haben möge. Aber entscheidend wird sein, ob das Kind dann auch wirklich existiert und nicht nur in der Fantasie „da ist". Reale Existenz ist die Eigenschaft, die sich das Paar vor allem wünscht, und zwar vom Kind; dieses soll ja wirklich da sein – außer dieser Eigenschaft mag es gesund, weiblich und braunäugig sein etc. Die Eigenschaft eines Individuums, real zu existieren, unterscheidet es trennscharf von dem begrifflich gleichen, aber real inexistenten Individuum. Mit nur gedachten 100 Euro kann ich bestimmte Dinge nicht machen, die ich mit realen 100 Euro machen kann, zum Beispiel den Wochenendeinkauf bei Penny bezahlen. Wenn ich glaube, ich hätte 100 Euro im Portemonnaie, weil dies möglich sei, dann könnte ich an der Kasse eine böse Überraschung erleben. Begrifflich besteht (nach Kant) kein Unterschied zwischen gedachten und realen 100 Euro, aber da ich nur mit letzteren bezahlen, auch nur letztere verlieren, finden oder verdienen kann, muss ich annehmen, dass reale Existenz ein sehr reales Prädikat ist, denn es ist die Eigenschaft eines Individuums, das alle anderen Eigenschaften qualifiziert

— eben auch als real, im Gegensatz zu nur fiktiven Eigenschaften eines fiktiven Gegenstandes. Ein nur gedachter 100 Euro-Schein hat eben auch nur gedachte Eigenschaften, d.h. alle seine Eigenschaften sind nur als fiktiv qualifiziert. Wäre Existenz keine Eigenschaft von Individuen, würde Existenz dem Begriff eines Individuums nichts weiter hinzufügen, dann wären ein gedachter und ein realer 100 Euro-Schein sogar identisch. Dieser Schluss scheint mir aber absurd zu sein.

Wirklichkeit ist mehr als nur möglich

Es ist meines Erachtens nicht hinreichend, von einem Individuum auszusagen, dass es sei, existiere, denn dies ist ja eine notwendige Voraussetzung dafür, um überhaupt über ein Individuum Aussagen machen zu können. Existenz fügt als terminologische Eigenschaft zwar einem Begriff keine weitere Eigenschaft zu, aber Existenz ist eine notwendige Bedingung seines Vorkommens. Mithin ist Existenz die einzige notwendige Eigenschaft, die einer Entität zukommt. Dass Existenz eine notwendige Eigenschaft ist, heißt nicht, dass etwas notwendigerweise existiert, sondern lediglich, dass — was immer es sei — es existiert. Weil diese Eigenschaft also so weit verbreitet ist, wird sie nicht eigens als Eigenschaft in Anspruch genommen, zumal ja nicht die Hinsichten und Weisen spezifiziert sind, in denen etwas existiert. Da schlichtweg alles existiert, was Gegenstand einer Bezugnahme sein kann - also auch Wahn, Halluzinationen, Lügen, Irrtümer und Negationen -, ist

Existenz zugleich eine metaphysische Eigenschaft, zu der ein Antonym nicht einmal gedacht werden kann. Denn auch alles, was nicht existiert, kann, durch seine Negation, Gegenstand einer Bezugnahme sein. Für jedes einzelne reale oder fiktive Individuum als intentionalem Objekt eines Begriffs gehört die qualifizierte Existenz als Eigenschaft zum Konzept dieses Individuums. Dadurch erwirtschaftet der Begriff gewissermaßen einen Überschuss an expliziter Bestimmung, denn während die Sache nur ist, expliziert der Begriff dies Sein als Eigenschaft. Daher können Begriff und Gegenstand nicht „einerlei enthalten". Kant sah das bekanntlich anders:

„Beide müssen genau einerlei enthalten, und es kann daher zu dem Begriff, der bloß die Möglichkeit ausdrückt, darum, dass ich dessen Gegenstand als schlechthin gegeben (durch den Ausdruck: er ist) denke, nichts weiter hinzukommen. Und so enthält das Wirkliche nichts mehr als das bloß Mögliche."

Die Welt („das Wirkliche"): „nicht mehr" als ein Behälter für Möglichkeiten, nicht von Wirklichkeiten? Historisch ist diese Analyse Kants gegen Anselm von Canterburys ontologischen Gottesbeweis gerichtet, der aus dem bloßen Begriff Gottes dessen Existenz ableitet. Aber möglicherweise hat Kant in der Abwehr dieses theologischen Sophismus das Kind mit dem Bade ausgeschüttet. Meines Erachtens ist der erste Teil von Kants Analyse zutreffend, der zweite enthält aber möglicherweise den Irrtum, dass die Eigenschaft realer

Existenz (Wirklichkeit) nicht Teil eines Begriffs sein könne. Wenn ich außer dem Begriff inklusive seiner Attribute auch noch annehme, dass der Gegenstand des Begriffs wirklich existiert, dann füge ich dem Begriff nach Kant keine weiteren Eigenschaften zu. Kant setzt also voraus, dass Begriffe zunächst und bis auf Weiteres notwendige Kennzeichnungen von möglichen Subjekten darstellen – bis ein entsprechender Gegenstand, auf den sie zutreffen, gefunden und identifiziert ist. Seltsamerweise verliert der Gegenstand dadurch nicht seinen Charakter der bloßen Möglichkeit. Das ist kontraintuitiv und auch widersprüchlich, da das Wirkliche eben Wirkliches enthält und nicht nur „bloß" Mögliches. Möglicherweise geht Kant zu stark von dem Dualismus zwischen Form und Inhalt oder zwischen der „causa formalis" und der „causa materialis" des Aristoteles aus. Wie der Künstler oder Handwerker seine Idee (Konzept) lediglich ins Werk setzt, so dass das Werk letztlich zur materiellen Kopie der Idee wird, so stellt Kant sich vor, dass ein Begriff alle Merkmale umfassen muss, durch die er definiert ist, und dass er keine Veränderungen durchmacht, sobald er – zum Ding verwandelt - das Licht der Welt erblickt. Selbst wenn die Durchführung eines Planes vollständig gelingt, ist das Ergebnis nicht identisch mit dem Plan (sonst bedürfte es der Durchführung nicht). Und was nicht identisch ist, unterscheidet sich – durch seine Eigenschaften. Nach Kant ist der Begriff eines Subjekts, der alle seine Prädikate enthält, nur als Möglichkeit – nicht als

Wirklichkeit - gegeben. Ob er auch wirklich in der Welt einen Gegenstand „meint", ob also diesem Begriff etwas Reales „entspricht" – dies sei schon nicht mehr Bestandteil des Begriffs, sondern eine Frage der Beziehung zu seinem Gegenstand. Aber warum sollte ein Begriff nicht auch außerbegriffliche Relationen „enthalten"? Tatsächlich gehören zu den meisten Begriffen, die einer Bezugnahme auf begriffsexterne Gegenstände fähig sind, semantisch nicht-begriffliche Merkmale. So enthält die lexikalische Definition des Lexems „Hund" – „Als Haustier gehaltenes Tier, das vom Wolf abstammt." – nur empirisch-deskriptive Merkmale, d.h. die Beziehung zu seinem Gegenstand ist dem Begriff immanent. Sollte es sich herausstellen, dass es nie Hunde gegeben hat, sondern dass es sich dabei um Fabelwesen aus Mythen und Märchen handelt, müsste das Lemma zum Begriff „Hund" folglich anders aussehen (etwa: „Fabelwesen, das angeblich als Haustier gehalten wird und vom Wolf abstammen soll, Vorkommen in zahlreichen antiken und modernen Mythen und Märchen."). Auch hier wäre die Beziehung zu seinem Gegenstand dem Begriff immanent – sie wäre Teil seiner Definition. Der Begriff Gott ist durch all seine Attribute – Allmacht, Liebe, Gerechtigkeit, Vollkommenheit … - nicht hinreichend charakterisiert. Die Frage der Existenz Gottes ist dadurch nicht beantwortet. Natürlich hat Kant recht, wenn er den Sophismus Anselms zurückweist, denn man macht sich die Sache zu einfach, wenn man einer postulierten transmundanen Entität einfach Existenz als notwendige Eigenschaft andichtet. Aber es ist bei allen gewissenhaften Prüfungen unerlässlich, das Zutreffen oder Nichtzutreffen von Eigenschaften zu untersuchen. Existenzpostulate müssen verifizierbar bzw. falsifizierbar sein. Und wenn eine Entität, deren Existenz postuliert wird, nicht eindeutig identifiziert werden kann, dann muss man bis auf weiteres davon ausgehen, dass diese angenommene Entität nicht die Eigenschaft genießt, zu existieren. Ihr Begriff muss deswegen nicht leer sein, wie die Eigenschaften des Begriffs „Gott" zeigen (z.B. Liebe, Gerechtigkeit, Allmacht – alles Phänomene, die ihren Sitz im Leben habe). Ebenso hat Kant recht, wenn er Existenz als eine notwendige Eigenschaft, die eine Sache definiert, ablehnt, weil man andernfalls zu der Konsequenz gezwungen wäre, allem, was existiert, notwendige Existenz zu attestieren. Tatsächlich unterscheiden sich die Eigenschaften eines Gegenstandes teilweise erheblich, weil sie auf unterschiedlichen Abstraktionsebenen angesiedelt sind. So enthält das obige Lemma vier verschiedene biologische Abstraktionsniveaus – „Tier" > „Haustier" > „Wolf" / „Abstammung" -, aber keine weiteren Spezifikationen genotypischer oder phänotypischer Art oder gar solche, die eine Identifikation eines konkret-realen Hundes erlauben würden. Zur Identifikation und Deskription eines realen Hundes reicht eine allgemeine Definition nicht aus. Hier kommen vor allem hochgradig individuelle und kontingente Eigenschaften ins Spiel, die nicht mehr in dem Gattungs-Begriff enthalten sind. Hier ist mehr erforderlich als Kants scholastisches Begriffsverständnis „genus proximum et differentia specifica". Allgemeinbegriffe haben natürlich kein Leben, keine Wirklichkeit. Die merkwürdige Konsequenz, die Kant aus seinem Begriffsverständnis ziehen muss, lautet, dass das Wirkliche, also die Realität eines Gegenstandes, dessen Möglichkeit ein Begriff lediglich beschreibt, keine weiteren Eigenschaften enthält − außer den Möglichkeiten, die der Begriff beschreibt. Diese Aussage ist aber himmelweit von der Aussage entfernt, dass nur das wirklich sein könne, was (zuvor) auch möglich war. Kant behauptet notgedrungen, dass die Wirklichkeit lediglich aus Fiktionen („bloßen" Möglichkeiten) bestehe, nämlich aus Individuen, denen es nicht eigentümlich ist, realiter zu existieren. Gerade diese gespenstische Konklusion führt meines Erachtens Kants Annahme ad absurdum, dass (Wirklich-Sein kein reales Prädikat sei. Dass Existenz keine Eigenschaft sein soll, erscheint so als stipulative Satzung, um den sogenannten ontologischen Gottesbeweis zu entkräften.

Existenzweisen im Begriffsrahmen

Da man offenbar auch Personen, die nicht real existieren (in allen Zeitstufen), charakterisieren kann, muss man ihnen wenigstens die eine Eigenschaft absprechen, nämlich, dass es sie wirklich gibt. Ebenso lässt sich ja auch „Gott" beliebig charakterisieren, ohne dass er deswegen schon realiter auch existiert. Gehört also „Existenz" zu den eigentlichen Eigenschaften, die eine Sache näher bestimmt? Ganz entschieden: nein. Aber gehört „existiert-als-reale-Person" (u. ä.) zu den eigentlichen Eigenschaften? Ganz entschieden: ja. Wenn über die Existenz von etwas die Rede ist, muss immer auch die Weise ihres gegeben-Seins – ihr Sinn - mitgedacht oder mitgesagt werden. Warum? Weil in unseren Beschreibungs-systemen die Möglichkeit der faktischen Inexistenz immer besteht, so dass es stets relevant ist, zu wissen, ob ein sound-so charakterisiertes Individuum tatsächlich, d.h. außerhalb seiner Beschreibung, auch existiert. Sherlock Holmes existiert nur als Beschreibung. Da diese keiner Kontrolle über eine reale Person gleichen Namens und gleicher Funktion unterliegt, sind die Beschreibungen willkürlich und nicht durch das Individuum determiniert. Die Beschreibungen von faktischen Individuen sind in einem bestimmten Sinn nicht willkürlich. Hier greift die Unterscheidung zwischen „wahr" und „falsch". Damit ein Urteil über ein faktisches Individuum wahr sein kann, müssen die ihm zugeschriebenen Eigenschaften ihm auch tatsächlich zukommen. In Hinblick auf fiktive Figuren muss dann die Übereinstimmung zwischen der Beschreibung und einer Beschreibung der Beschreibung bestehen. Irrtümer sind natürlich auch hier möglich, wenn man z.B. Sherlock Holmes als übergewichtigen Konditor oder als Briefmarkensammler charakterisiert. Warum kommt aber die Eigenschaft „existiert- als reale oder fiktive Person" in Personenbeschreibungen nicht vor? Weil der Kontext verrät, in welchem Sinn das Gegeben-Sein einer Person gedacht wird. In Buchbesprechungen wird davon ausgegangen, dass die Figuren des Romans fiktiv sind, bei Polizeifahndungen, dass die Gesuchten real seien. Also fügt der Kontext jeweils relevante Eigenschaften einer zu charakterisierenden Sache hinzu, die nicht eigens expliziert zu werden brauchen. Relevanter, aber nicht grundlegender als „Existenz" scheinen also die Begriffe der Faktizität/ Realität bzw. Fiktionalität zu sein, da sie „Existenz" allererst qualifizieren. Natürlich gibt es, existiert „alles" – aber natürlich nicht auf die gleiche Weise, im gleichen Sinn. Ein Berg existiert auf andere Weise als das fotomechanische Bild eines Berges oder eine Erinnerung an einen Berg, als das Wort „Berg" oder als Zeichnung eines fingierten Berges, und als das Konzept „Berg" – das sind schon sechs verschiedene Weisen des Gegeben-Seins von Bergen. Und doch würden die meisten Menschen argumentieren, dass nur reale Berge tatsächlich als Berge existieren und dass diese Existenzweise die primäre sei, während alle anderen Existenzweisen als Bild, als Erinnerung, als Wort etc. nur sekundär und abgeleitet seien. Ohne ein reales Vorbild gäbe es keine Nachbildungen jedweder Art. Ein Teil der Probleme mit dem Existenzbegriff resultiert aus seiner elliptischen Verwendung. Man sagt ja nicht „existiert-als...", sondern einfach „existiert/ kommt vor/ gibt es". Der Existenzbegriff wird dagegen meist schon als ein realistischer verstanden, obwohl er auch alternative Verwendungen erlaubt. Das Problem liegt also nicht darin, ob „Existenz" ein reales Prädikat ist, sondern ob „reale Existenz" ein Prädikat ist. Man müsste nun wissen, was „real/ wirklich" bedeutet. Ist für das Verständnis der Begriffe „Realität" und „Wirklichkeit" ein Verständnis ihrer Antonyme bedeutsam? Brauche ich den Begriff „Fiktion" oder noch andere – z.b. Gedanke, Illusion, Einbildung ... -, um mir den Charakter des Wirklichen im Gegensatz zum Unwirklichen klarzumachen? Hierbei stößt man schon einmal an das Problem, dass es unklar ist, welches denn die Antonyme seien? Denn Gedanken etc. sind ja auch durchaus real. Man muss also beispielsweise unterscheiden zwischen dem Gegeben-Sein als Gedanke und dem Gegenstand des Gedankens (intentionaler Gehalt). Ein Gedanke ist immer als Gedanke real, während sein intentionaler Gehalt real oder auch nicht sein kann. Wenn ich an fiktive Romanfiguren denke, dann sind meine Gedanken real, die Figuren aber nur als Figuren, nicht als reale Personen. Illusionen, Einbildungen sind dann reale Gedanken, deren intentionale Objekte irreal sind. Gegenbegriffe zu „Realität" müssen also immer noch die Hinsichten nennen, unter denen sie „Irrealität" behaupten. So sind die Formen des religiösen Glaubens real – als psychische oder kulturelle Phänomene -, ihre Dogmen aber sind es wahrscheinlich eher nicht. Ich kann zwar den Gedanken formulieren, dass Gott das vollkommenste Wesen sei, über das hinaus nichts Vollkommeneres gedacht werden könne, aber das hieße eben nur, dass in der „Welt" der Gedanken „Gott" das vollkommenste Wesen wäre, und nicht in der Welt der realen Individuen. Wie können aber Dinge, die nicht real existieren, auf andere Weise vorkommen, etwa als Bild oder als Gedanke? Alles benötigt zunächst einen „realen" Träger; transportiert dieser reale Träger eine Fiktion oder eine Repräsentation von etwas anderem, dann kann man nur von der Bedeutung bzw. Beschreibung der Sache sprechen, die freilich ein Bedeutungs- oder Beschreibungssystem voraussetzt (eine Sprache). Beispielsweise ist jede natürliche Sprache ein Symbolsystem, das es erlaubt, faktische und fiktive Phänomene zu benennen und zu beschreiben. In jeder Sprache kann man lügen und sich irren. Der Beschreibung selbst sieht man es nicht an, ob ihre Bezugnahme auf etwas außerhalb der Beschreibung leer oder erfüllt ist. Wenn ich etwas als real qualifiziere, dann behaupte ich seine Existenz unabhängig von einem Beschreibungssystem, innerhalb dessen dies Etwas die-und-die-Eigenschaften hat. Es scheint also falsch, zu behaupten, alle existiere nur unter einer Beschreibung. Dies trifft zwar auf mögliche und fiktive Gegenstände zu, aber reale Dinge existieren auch, wenn sie nicht in einem Sinnfeld erscheinen.

Wozu indefinite Welten?

Nun lautet die nächste Frage, ob wir aus diesem Grund einen ontologischen Pluralismus postulieren müssen, insofern es ja unterschiedliche Weisen des Gegeben-Seins zu geben scheint? Dies ist jedenfalls der Schluss, den Markus Gabriel zieht. Seine Argumentation hängt von der weiteren Prämisse ab, dass es keine ontologische Exklusivität für eine bestimmte Weise des Gegeben-Seins gibt, d.h. dass die „Existenz-als-reales-X" keinen Vorrang gegenüber „Existenz-als-fiktives-X" genießt. Mit der Akzeptanz unterschiedlicher Existenzformen verbände sich eine pluralistische Ontologie nur unter der Annahme, dass diese Existenzweisen gleichberechtigt wären. Doch diese Annahme halte ich für wenig plausibel, denn nur gedachte 100 Euro haben einen dramatisch anderen ontologischen Status als reale 100 Euro; ein lebendiger Mensch hat ebenfalls einen dramatisch anderen Stellenwert als eine fiktive Romanfigur. Das Original genießt immer Vorrang gegenüber seiner Kopie. Die Gleichheits-Prämisse kann man also mit guten Gründen ablehnen und die These aufstellen, dass reale Existenz fiktive Existenz toppt. Auf dieser Grundlage lässt sich an der Idee der Existenz einer Welt als Inbegriff aller real existierenden Individuen (Monismus) festhalten. Fiktionen, Illusionen, Irrtümer etc. existieren in dieser Welt als Beschreibungen, denen wiederum nur Beschreibungen entsprechen können und nichts, was Gegenstand einer primären Deskription sein kann.

Damit sind Gabriels weitere Argumente gegen die (reale) Existenz der „einen" Welt noch nicht berührt.

Objektive Existenz und Subjektrelativität

Folgendes Gedankenexperiment zeigt meines Erachtens das zugrundeliegende Problem: Wenn man sich Dinge vorstellt, wie sie an sich selbst existieren mögen, dann kann man sie sich nur als wirklich existierend denken, da man von allen sonstigen Modalitäten abstrahieren muss. Ich stelle mir eine Szene der Erdgeschichte vor, die vor der Zeit liegt, in der bewusste Wesen sich einen Begriff von davon machen konnten. Dabei kann ich mir nicht vorstellen, dass diese Szene nur möglicherweise real gewesen sein könnte. Alles, was geschieht, geschieht wirklich. In den Ereignissen selbst liegt gar kein Spielraum des Möglichen, weil sie einfach geschehen würden. Die Frage, ob sie über ihre sonstigen Eigenschaften hinaus noch die Eigenschaften haben, wirklich zu sein, stellt sich nicht, da die vorgestellte Wirklichkeit nur Wirklichkeiten enthielte und keine Möglichkeiten, keine Gedanken, Wahrnehmungen, Illusionen, Darstellungen. Diese vorgestellte Welt wäre so opak und so kompakt real, dass nur das Ganze dieser Wirklichkeit als existierend charakterisiert wäre. Dies Gedankenexperiment ist natürlich unmöglich: Ich kann mir die Welt nicht vorstellen, wie sie wäre, wenn ich sie mir nicht vorstellte. Kants Antwort auf die Frage, ob wir objektiven, realen Gegenständen über ihre sonstigen Eigenschaften hinaus auch noch die Eigenschaft des

Existierens, des Wirklich-Seins, des Daseins etc. zubilligen dürfen, ist eindeutig verneinend. Auf eine „Welt ohne Zuschauer" (Markus Gabriel) mag dies zutreffen, nicht aber auf die Situation, in der wir uns als bewusste Wesen befinden, die über die Fähigkeit zur Erkenntnis und zum Irrtum verfügen. Denn für uns gehört die Frage, ob ein Ding real oder fiktiv sei, zu den entscheiden. Da es einen Unterschied macht, ob etwas real oder nur als Begriff, Phantasie, Wahn, Irrtum, Lüge, Darstellung etc. existiert und da dieser Unterschied durch die unterschiedlichen Eigenschaften erklärt werden kann, die diese Phänomene in Hinblick auf ihre Seins-Weise haben, halte ich diese Position für nicht sehr plausibel. Seine Begründung überzeugt mich aber auch deswegen nicht, weil er nicht von der Sache her argumentiert, sondern vom Begriff. Das mag plausibel sein, wenn man wie Kant davon ausgeht, dass „Anschauung ohne Begriff blind" sei. Das Problem liegt aber hier in dem Paradox, dass wir Bezug nehmen wollen auf eine Sache - unter Absehung einer jeden Bezugnahme. Da man nicht wissen kann, wie ein Ding an sich beschaffen ist, da jedes Wissen an spezifische subjektrelative Erkenntnisbedingungen geknüpft ist, kann es für solcherart aufgefasste Dinge an sich überhaupt keine zutreffende Prädikation geben. Von Dingen an sich kann also nicht einmal ausgesagt werden, ob es sie gibt, wenn man sich auf den Standpunkt der Begriffsrelativität aller Erkenntnis stellt. In Bezug auf die Dinge, wie sie an sich selbst beschaffen sein mögen, können wir nach Kant gar keine Aussagen machen, da wir aufgrund der Bedingtheit aller Erfahrung und mithin Erkenntnis niemals eine „reine", unbedingte, objektive oder absolute Erkenntnis haben können. Also kann auch im strengen Sinn keine Aussage über das Sein der Dinge gemacht werden. Ebenso wie Peter Bieri in Bezug auf den Freiheitsbegriff aber gezeigt hat, dass dieser nur als „bedingte Freiheit" sinnvoll sei, so führt auch die Annahme unbedingter Erkenntnis zu der absurden Konsequenz, dass kein Zusammenhang hergestellt werden könnte zwischen unseren begrifflich und sprachlich verfassten „Erkenntnissen" und unseren wahren, unbedingten Erkenntnissen. Diese wären nicht mehr Teil eines kritischen, intersubjektiven Prüfverfahrens, sondern absolut und damit von allem losgelöst, was uns zugänglich ist. Im Rahmen unserer Erkenntnisbedingungen können wir uns allerdings Konzepte (Begriffe) von den uns erscheinenden Dingen bilden, die kategorial immer schon vorgebildet sind. Nun lässt aber dieser konzeptuelle argumentative Rahmen auch Raum für die Modalitäten Möglichkeit, Wirklichkeit und Notwendigkeit, die nicht nur in Urteilen, sondern schon in den Begriffen sich niederschlagen müssen, da man die Modalitäten zu den Eigenschaften von Dingen rechnen kann, die zumindest im begrifflich-kategorialen Rahmen erfasst werden. Diesen Schritt vollzieht Kant offenkundig nicht, wenn er behauptet, dass die Wirklichkeit nur aus dem bloß Möglichen bestehe. Das erkenntnistheoretische Paradox, das Kant lösen wollte, lautet, dass wir uns kein Ding vorstellen – es aber auch nicht denken oder wahrnehmen – können, ohne es uns vorzustellen, zu denken oder wahrzunehmen. Daher sagt Kant folgerichtig, dass das „Ich denke" jede unserer Vorstellungen etc. begleiten müsse. Je nachdem, wie man die Rolle des Subjekts im Erkenntnisprozess bewertet, gelangt man von dieser Formulierung zu allen Spielarten des Idealismus bzw. Subjektivismus und Relativismus einerseits, und zu allen möglichen Varianten des Außenwelt-Realismus andererseits. Dabei erweist sich das Begriffspaar Realismus/ Antirealismus als nicht besonders trennscharf, da ja auch Formen des Idealismus bzw. Subjektivismus durchaus Realitäten anerkennen, beispielsweise die Ideen (Platon) oder das Erkenntnissubjekt (Geist), wie dies – auch wieder in verschiedenen Abstufungen und Abschattungen - von Descartes, Berkeley, Kant, Schopenhauer, Hegel vertreten wurde. Auf Kants Lösungsvorschlag, das Postulat synthetischer Erkenntnis a priori, werde ich hier nicht eingehen, da ich den Existenz- bzw. Seins-Begriff im Fokus habe. Im Begriff, so argumentiert Kant, seien alle notwendigen und hinreichenden Eigenschaften der Sache gebündelt, von der wir uns diesen Begriff gebildet haben. Also hat die Sache, sofern sie existiert, keine anderen Eigenschaften als die im Begriff enthaltenen. Da Kant zufolge aber die Sache, auf die wir uns beziehen können (die wir „erfahren" können) ihre spezifische Seins-Weise durch ihre Position in unseren Begriffssystemen hat, ist es meines Erachtens nicht nachvollziehbar, warum er die Modalitäten nicht mit zu den Eigenschaften der Dinge zählt. Das erscheint mir als Inkonsequenz, da er die Dinge durch diesen Zug so behandelt, als wären sie Dinge an sich.

Existenz und Abstraktion

Paradoxien entstehen durch Abstraktion von relevanten Hinsichten. Das Streben nach umfassender philosophischer "Erkenntnis" genereller Prinzipien verführt oftmals zu einer leeren Allgemeinheit, die reale Zusammenhänge nur sehr vage umfasst und in der Anwendung Paradoxien erzeugt. So resultiert das eleatische Paradox des Werdens aus einer Abstraktion des Seins-Begriffs. Da nur Seiendes sei und Nichtseiendes nicht sei, könne es keine Veränderung, keine Bewegung, kein Werden geben, da man andernfalls behaupten müsste, dass Noch-nicht-Seiendes und Nicht-mehr-Seiendes - also "strenggenommen" nichts - sei. Sprachphilosophisch gewendet: Wie kann man Aussagen wie " Der gegenwärtige König von Frankreich ist kahl." überhaupt formulieren, wenn es keinen gegenwärtigen König von Frankreich gibt? Und wie kann man die Existenz eines gegenwärtigen Königs von Frankreich überhaupt nur verneinen - wenn es ihn nicht gibt? Wie kann man über nichts so reden, als wäre es etwas - selbst wenn man eben dies bestreitet? Nur über Seiendes könne gesagt werden, dass es sei, über Nichtseiendes, dass es nicht sei (Aristoteles). Aufgrund dieser Abstraktion wurde ein wirkungsmächtiges Programm der Philosophie abgeleitet, nämlich die Erkenntnis des Unwandelbaren, sich immer Gleichen: der Wesenheiten bzw. Ideen, der (logischen, mathematischen) Formen und der allgemeinen Gesetze auf allen Gebieten der Erkenntnis, von der Physik bis zur Psychologie. Das Allgemein-Unwandelbare - Regeln und Gesetze - ist nach wie vor in vielen Wissensbereichen Ziel der Erkenntnis, obwohl sich erkenntnistheoretisch die Einsicht durchgesetzt hat, dass menschliches Wissen grundsätzlich fallibel ist. Aber die Hintergrund-Metaphysik in den Wissenschaften und allen wissensbasierten Unternehmen ist der Glaube an die objektive Realität abstrakter, genereller oder gar universeller Entitäten. Aber schon die Formulierung Aristoteles' zeigt, dass auch über Nicht-Seiendes gesprochen werden könne, nur eben in Form der Verneinung. Die Versuche von Heidegger und Sartre, diese Regel zu umgehen, und dem Nicht-Sein Wirksamkeit, Aktualität und Kausalität zuzuschreiben, speist sich in ihrer (sprachlichen) Dramatik noch aus dem Dogma der Undenkbarkeit des Nichts. Das ist das ferne Echo der Ontologie des Parmenides. Die Ironie ist, dass das Nichts durch das Denken in die Welt kommt.

Und sie existiert doch!

Zu erkennen, was „die Welt/ Im Innersten zusammenhält" war Fausts Ziel. Der modernen Physik verdanken wir die Einsicht, dass es die vier Grundkräfte sind, die für den Zusammenhalt der Welt sorgen. Die Zweifel sind aber berechtigt, ob Faust mit „Welt" tatsächlich nur das physikalische Universum meinte. Goethes Behandlung dieses Themas erlaubt zumindest den Schluss, dass der zugrundeliegende Weltbegriff viel umfassender ist und beispielsweise auch die „kleine Menschenwelt/ Die sich gewöhnlich für ein Ganzes hält" mit meint, also die Welt der Moral, der Gesellschaft, der Geschichte, der Ökonomie, der Religion, der Philosophie, der Politik, allgemeiner: die Welt des individuellen und kollektiven Denkens, Fühlens und Handelns. Das Bild von der Welt, das Goethe hier voraussetzt, ist das einer komplexen, differenzierten, aus Teilen bestehenden, möglicherweise von Zentrifugalkräften mit der Neigung zum Auseinanderfliegen ausgestatten Ganzheit, die in einen Innen- und einen Außenbereich unterteilt ist. Im Innern der Welt – also intramundan – wird nun von Faust jenes fragliche X vermutet, das den Fliehkräften entgegenwirkt. Die Abwendung von jener extramundanen Kraft, die traditionell als „Gott" bezeichnet wird und die erst die Welt zu einem begrenzten, endlichen Ganzen macht, ist hier offenkundig, auch wenn die christliche Metaphorik noch in Gebrauch ist: Wo es ein „Innerstes" gibt, da gibt es auch ein „Äußerstes", eine unüberschreitbare Grenze. Welcher Leim sorgt nun dafür, dass die Welt nicht aus den Fugen gerät? Jedes Schulkind würde heute auf Zentripetalkräfte oder Gravitationskräfte tippen, womit das gesuchte X nur charakterisiert, aber noch nicht gefunden wäre. Da Goethe aber offenbar ein weiteres und nicht nur physikalisches Verständnis von Welt hier voraussetzt, wäre diese Antwort auch sonst nicht hinreichend. Denn was hält Gedanken, Gefühle, Fantasien zusammen und vor allem: was hält Körper und Geist zusammen, wo sie doch so gern getrennte Wege gehen wollen? Die klassische Antwort lautet natürlich: ein gutes Essen, das nicht nur den Magen füllt, den Körper erhält, sondern auch dem Geschmack und der Fantasie schmeichelt. Kurz, Leib und Seele zusammenhält. Doch mit einer solch trivialen Antwort gab sich nicht nur Faust bekanntlich nicht zufrieden, weshalb er sich dem Teufel verschrieb, dem großen Zerstörer und Blender in Personalunion. Zu blenden und zu zerstören ist tatsächlich eine große Verführung, wenn man sich ins Fahrwasser der Metaphysik begibt, in jenen Bereich der großen Worte, die das All umschließen wollen, und die doch meist aus ganz kleinen Verhältnissen stammen. Und vielleicht erliegt derjenige, der die Existenz der Welt leugnet, dem blendenden und zerstörerischen Sog der Verführung durch die großen Worte. Denn man kann sich ja durchaus folgende Frage stellen: „Was aber, wenn es diese Welt im Großen und Ganzen gar nicht gibt, wenn es keine totale, allumfassende Wirklichkeit gibt, wenn ein solcher Gedanke in sich widersprüchlich und der entsprechende Weltbegriff leer ist? Was, wenn Myriaden von kleinen Sinnfeldern im Nirgendwo herumschwirren, die überhaupt nichts zusammenhält?". So kann man fragen. Aber kann man auch so antworten? Der philosophische Zaungast fühlt sich natürlich an längst überholte Dispute um die Existenz Gottes erinnert und ist versucht, mit den Schultern zu zucken: „Na und?". Nicht nur leben die monotheistischen Religionen auch nach dem „Tode Gottes" unbeirrt weiter. Man kann versichert sein, dass auch nach dem philosophischen Weltende die Menschheit weiter so tun und so sprechen wird, als gäbe es eine Welt. Wir ziehen ja auch weiterhin unsere Uhren auf, obwohl es die Zeit gar nicht gibt, wie Gottfried Benn uns glauben machen will. Selbst der Verfechter dieses kühnen Gedankens von der Inexistenz der Welt, Markus Gabriel, kann es nicht lassen, von der Welt zu reden, in Sätzen, mit denen er ihr eigentlich den Todesstoß versetzen will. Doch warum will er das? Dient der Glaube an die Welt der Unterjochung der Völker, hat er eine so fatale Wirkung auf die geistige Kultur und das Gemüt, hält er uns Menschen in einer selbstverschuldeten Unmündigkeit, so dass wir eine weitere Aufklärung bitter nötig hätten, die uns von diesem verheerenden Irrglauben befreit? Möglicherweise ist das genau diese Wirkung, die von den Weltbildern ausgeht. Markus Gabriel tritt an, um uns „Verblendete" (Gabriel) vom suggestiven Zwang aller Weltbilder zu befreien.

Erstaunlicherweise genügt ihm nur ein kleiner logisch-semantischer, aber therapeutisch wirkender Eingriff, um den Wahnsystemen der letzten Jahrtausende ein Ende zu bereiten. Die religiösen Wahnvorstellungen beiseitelassend, konzentriert er sich auf die Krankheiten unserer Zeit. Vor allem von zwei Formen des Irrglaubens will er uns befreien: Vom naturalistischen Weltbild der Physik und Neurobiologie, in dem wir nur neuronale Systeme sind, in denen elektrische Impulse im Nanosekundentakt zirkulieren. Und vom Weltbild des Konstruktivismus, in dem alle Welt- und Selbstbilder nur Erfindungen ohne Erfinder, Schöpfungen ohne Demiurgen, Pläne ohne Absichten, Realisierungen ohne Intentionen sind. Mag sein, dass man, um der geschlossenen Gesellschaft der Weltbilder zu entkommen, der Welt nur zu verkünden braucht, dass eine Welt ja gar nicht existiert. So wären alle Weltformelsucher, alle Welterlösungsfantasten und alle Fanatiker, kurz, alle Metaphysiker mit einem Schlag ihrer Existenzgrundlage beraubt. Mag sein, dass Gabriel ein Menschenfreund ist, der, statt sich vom Leiden der Menschheit an der Illusion des Weltglaubens abzuwenden, aktiv zu ihrer Heilung beitragen will. Mag auch sein, so werden einige Kritiker munkeln, dass er geltungssüchtig und marktschreierisch ist, um auf dem hart umkämpften Markt der Philosophie sich seinen Marktanteil zu sichern. Wir wissen es nicht. Der philosophische Zaungast ist verwundert und neugierig zugleich. Ja, er gesteht, er hat sich verlocken lassen vom

Versprechen einer Innovation auf dem Gebiet der Metaphysik und Ontologie, und er hat von dem neuen Produkt probiert. Sein Ergebnis? Es ist ein weiterer Fall von Etiketten-schwindel. Fast ist er geneigt, sich an die Verbraucherschutzzentrale zu wenden. Aber er lässt davon ab, denn vor philosophischen Irrtümern kann uns keine Behörde bewahren.

Die Garantieerklärung

Die frische und muntere Sprache Markus Gabriels macht es ebenso wie sein junges Alter überdies schwer, ihm in den Weg zu treten. Aber gerade das selbstgewisse Auftreten des jugendlichen Heißsporns, der es in kürzester Zeit geschafft hat, sich mit seinen verblüffenden Thesen Ruhm und Ansehen zu verschaffen, da sie auf einen verödeten philosophischen Boden fallen und dort schnell ihre Blüten treiben, macht es unumgänglich, vor Wildwuchs zu warnen. Der philosophische Zaungast ist natürlich nicht mit allen philosophischen Wassern gewaschen. Er ist ein Dilettant. Vielleicht auch nur aus liebgewonnener Anhänglichkeit an einen in die Jahre gekommen, nun zu veralten drohenden Begriff sieht er sich zu den folgenden Anmerkungen berechtigt. Die „Welt" gehört zu den großen philosophischen Attraktionen, die das Leben bereichern, ohne dass wir zu sagen wüssten, was genau wir darunter verstehen. Und doch spüren wir, dass unser Leben und unsere Sprache ohne diesen Begriff verarmen würden. Auch wenn wir nicht genau verstehen, was wir unter der Liebe, der Gerechtigkeit, dem Guten, der Wahrheit oder gar der Wirklichkeit verstehen, so würden wir auch diese Begriffe nur widerwillig aufgeben, auch wenn man uns erklärte, dass sie sinnlos, gar unsinnig seien, da es nichts gäbe, worauf sie sich beziehen. Irgendwie sind sie uns nicht nur ans Herz gewachsen, nicht nur wäre unser Leben ärmer ohne sie, sondern wir spüren: ohne sie hätten wir kein Leben mehr, das wir als menschlich bezeichnen wollten. Sollten wir tatsächlich zu jenem konsequenten Schritt eilen und diese Begriffe aus unserem Vokabular streichen, nur weil sie sich einer umfassenden und allseits zufrieden stellenden Definition entziehen? Selbst wenn wir in einem Anfall von philosophischem Sprachpurismus den abgestandenen Hausrat unseres philosophischen Basisvokabulars von der Stadtreinigung entsorgen ließen, wir wüssten, dass wir in kürzester Zeit unsere Wohnung wieder mit fragwürdigem Zierrat vollstellen würden. Und bevor wir den alten durch neuen Unsinn ersetzen, prüfen wir lieber den altgewohnten, durchlüften ihn etwas und lassen es bei einem Frühjahrsputz bewenden. Denn wenn wir auf die letzten paar Jahrzehnte zurückblicken, dann sind wir doch zu oft umgezogen und haben unser Mobiliar zu oft ausgetauscht, ohne dass sich merklich viel in unseren Lebensgewohnheiten gewandelt hätte. Dabei begann es immer mit großen Versprechen von etwas Neuem und endete immer mit einem Kredit. Und an den Krediten zahlen wir noch immer. Also sollten wir vorsichtiger sein,

diesmal. Nach der „einen, wahren Weltbeschreibung",
die uns durch die postmoderne Philosophie madig
gemacht wurde, nach der „Wahrheit", die dem
Pragmatismus zum Opfer gefallen ist, nach der
„Wirklichkeit", die im Keller der Konstruktivisten
vermodert, geht es nun der „Welt" selbst an den Leib —
und das im Namen einer neuen Wohnungs-
baugesellschaft, die sogar eine eigene Umzugsfirma
betreibt, und die sich „Neuer Realismus" nennt. Auch
ihre neugegründete Pionier-Kolonie „Sinnfeld"
schmückt dieses Logo. Sie verspricht uns, dass wir unser
altes Weltgebäude nach einer Totalsanierung nicht
mehr wiedererkennen würden. Es sei ohnehin geradezu
wunderlich, wird uns versichert, wie wir nur so lange in
einem Haus leben konnten, das architektonisch
eigentlich unmöglich ist. Nicht ästhetisch unmöglich, das
auch, sondern statisch unmöglich. Unser Welt-Haus
steht nicht nur auf keinem Fundament, es sei auch von
so tiefen Rissen durchfurcht, dass man sich wirklich
fragen müsse, was es „im Innersten zusammenhält". Um
unsere Wohnstatt vor dem Zusammenbruch und uns vor
der metaphysischen Obdachlosigkeit zu bewahren, sei
ein Umzug aufs Land geraten. Ein neues Leben in der
Sinnfeld-Kolonie befreie uns von den Alpträumen und
Sorgen, die uns die Erhaltung unserer Welt-Ruine tagein,
tagaus gekostet habe. Innovativ sei die Sinnfeld-Kolonie
in mehrfacher Hinsicht, ein Leben in ihr sei nicht nur
ressourcenschonender, nachhaltiger und
unterhaltsamer, da wir uns um mühevolle und

175

kostspielige und im Effekt völlig wirkungslose Reparaturarbeiten nicht mehr – wie bisher mehr schlecht als recht - zu kümmern bräuchten und außerdem dauerhaft für Glücksgefühle und schöne Momente gesorgt werden würde. „Sinnfeld" – allein der Name öffnet doch alle Glückskanäle! Denn wir bräuchten uns nicht mehr dafür zu schämen, dass wir uns vor der wahren Herkules-Arbeit der Instandhaltung der Welt bisher meist gedrückt und lieber die Tage mit Kunst, Krieg, Kommerz und Kino verbracht haben. Wir brauchen uns nicht mehr reumütig zu fragen, was aus der Welt werden solle, wenn wir unsere kostbare Zeit mit Tagträumen zubringen. Denn in der Sinnfeld-Kolonie werden Träume wahr. Buchstäblich. Jeder Gedanke, jeder Einfall, jeder heimlichste Wunsch, wir müssen ihn nur denken, schon wird er ohne jede weitere Anstrengung wirklich und damit wahr. Im Mietvertrag ist sogar eine Garantie enthalten, dass, sobald ein Wunsch uns auch nur andeutungsweise erscheint, er sofort wirklich wird. Wir zögern. Reiben uns die Augen. Lesen weiter. Gewiss, wird uns eingeräumt, sei der Wunsch nur als Wunsch wirklich. Aber was heiße schon „nur als"! „Nur als", das sei doch etwas für Kleinkrämer und Ewiggestrige, die an ihrer Welt-Ruine kleben. Damals, ja damals, da glaubten wir so felsenfest unterscheiden zu müssen zwischen Wahn und Wirklichkeit, zwischen Wunsch und Erfüllung, zwischen Sein und Schein, zwischen Wahrheit und Lüge, zwischen der Welt und allem, was in ihr Hausverbot hatte: falsche Gedanken,

Gefühle, Träume, Wünsche. Und, was hat es uns eingebracht? Man schaue sich doch einmal die Welt an! Nur die Fassaden gestrichen, die Substanz marode. Und dazu ewig die Rechtshändel mit den Nachbarn um die Nebenkosten, um die Verantwortung für Instandhaltung, Energieversorgung, Müllentsorgung, Garten-pflege. Nach dem Tod des vermeintlichen Erbauers und Eigentümers der Welt sind die Zustände in der neuen Erben- und Eigentümergesellschaft ja tatsächlich auch untragbar geworden. Damit sei jetzt Schluss. Denn ein Wunsch sei haargenau so wirklich wie seine Erfüllung! Kein schlechtes Gewissen mehr, dass wir der Welt gegenüber säumig sind. Keine lästigen Nachbarn mehr, denn das Leben in der Sinnfeld-Kolonie sei autark, wird uns versprochen. Jeder könne dort seine Parzelle nach eignen Träumen formen, ohne sich um den Nachbarn kümmern zu müssen. Falls doch einmal ein Nachbar versehentlich auf dem eigenen Sinnfeld erschiene, sei er selbstverständlich nur ein Gast, der sofort alle gewünschten Eigenschaften annimmt, die ihn zu einem willkommenen Gast machen. Denn die Garantieerklärung, die wir unterschreiben würden – dass, sobald etwas erscheine, dies auch tatsächlich und wirklich das sei, als was es erscheine -, umfasst natürlich auch die gesamte Nachbarschaft. Vor unangemeldetem oder sogar unangenehmem Besuch bräuchten wir daher keine Furcht zu haben, denn wir könnten ja jederzeit selbst darüber bestimmen, welche Erscheinung uns lieb sei. Schon wieder reiben wir uns ungläubig die Augen.

Lesen wir richtig? Sollten wir nicht auch das Kleingedruckte lesen? Moment! Da steht ja noch etwas im Haupttext, das geeignet scheint, uns alle Sorgen zu nehmen. Es sei nur eine klitzekleine Bedingung. Diese Bedingung sei das Sahnehäubchen auf der Umzugstorte. Wir bräuchten uns um unser marodes Weltgebäude nicht mehr zu kümmern, den Abriss besorgt unsere neue Hausverwaltung, kostenfrei, versteht sich. Phantastisch, denken wir. Ach, hier müssen wir nur noch eine Verzichtserklärung unterschreiben? Na gut, wenn es wirklich kostenfrei ist, warum eigentlich nicht! Also freuen wir uns schon, malen uns schon unser neues Leben ohne Kosten, Sorgen und Nachbarn aus, setzen den Füllhalter an, um unsere Unterschrift auf die Verzichtserklärung auf die Welt zu unterschreiben. Doch wir zögern. Dann lesen wir doch besser das Kleingedruckte.

Undefinierte Größen

Man kann die Sprache verarmen, indem man sie ihrer großen semantischen Attraktoren beraubt: Gerechtigkeit, Liebe, Wahrheit, Welt, Wirklichkeit …– gibt es ja alles nicht. Aber in welchem Sinn „gibt" es die Welt nicht, wenn wir den Begriff „Welt" als metaphysischen Superbegriff auffassen? Laut Markus Gabriel gibt es die Welt eben nicht als „Supergegenstand", da dieser Begriff keine begrifflichen Unterscheidungen mehr erlaube, da er auch alle, auch alle zukünftigen und alle einander widersprechenden

Weltbegriffe enthalten müsse und weil er darüber hinaus selbstwidersprüchlich sei. Denn als Menge aller Mengen, die sich selbst und die sich nicht selbst enthalten, müsste jeder Weltbegriff sich sowohl selbst enthalten als auch nicht selbst enthalten. Es könne also nicht einmal einen kohärenten Weltbegriff, kein Weltbild also, geben.

Plädoyer für Torten

Warum kann sich die Welt eigentlich nicht selbst enthalten? Und, falls sie das nicht kann, warum sollte sie es, damit wir sagen können, dass sie existiere? Angenommen, ich kaufe beim Bäcker eine Torte und lasse sie in acht gleich große Tortenstücke teilen. Dann besteht meine Torte ja aus acht Tortenstücken und nicht zusätzlich noch aus der Torte. Wenn die Welt alles ist, was der Fall ist, dann besteht die Welt aus allem, was der Fall ist und nicht zusätzlich noch aus der Welt. Höchstens noch aus allen geglückten oder verfehlten Bezugnahmen auf die Wirklichkeit und natürlich aus allen Weltbeschreibungen. Um auf die Welt Bezug zu nehmen, brauche ich nicht zu den Wirklichkeiten, auf die ich Bezug nehmen kann, noch zusätzlich auf die Welt Bezug zu nehmen. Die Welt ist kein Gegenstand, der zusätzlich zu den Gegenständen, auf die ich Bezug nehmen kann, in der Welt vorkommen muss. Ich kann auch nicht auf *alle* wirklichen Gegenstände Bezug nehmen, obwohl ich auf *jeden* einzelnen Gegenstand Bezug nehmen könnte. Damit die Welt existiert, muss die Welt nicht in sich selbst vorkommen. Dieser Satz wirkt bedenklich, denn wurde nicht dergleichen auch über „Gott" gesagt? Einen Gott, den es gibt, gibt es nicht? Ist „Welt" genauso ein bedenklicher Begriff wie „Gott"? Haben die Theisten Recht, wenn sie uns Atheisten als Weltgläubige bezeichnen? Müssen wir jetzt „Weltbeweise" führen, wo wir doch um das Schicksal der „Gottesbeweise" wissen? Ist uns die Welt „glücklich abhanden" (Rorty) gekommen? Ich glaube – nicht. Denn wir addieren zur Wirklichkeit nicht eine weitere Wirklichkeit, die wir Welt nennen und die nur bestimmten Gläubigen zugänglich ist bzw. ihren Priestern und Experten. Obwohl das in Hinblick auf die Welt der Naturwissenschaften manchmal diesen Eindruck macht. Es ist aber nicht so. Jedenfalls sollte es und muss auch nicht so sein, denn die Voraussetzungen der Naturwissenschaften sind dieselben wie die des Alltagsverstandes in Hinblick auf die basalen ontologischen und epistemologischen Annahmen. Obwohl diese Voraussetzungen zu ungeahnten Schlussfolgerungen Anlass bieten. Diese Annahmen lauten, dass uns unsere Sinne nicht systematisch täuschen. Dass jede sinnliche Wahrnehmung eine Täuschung sein könnte, bedeutet nicht, dass alle sinnlichen Wahrnehmungen uns täuschen. Die weitere Annahme lautet, dass uns unsere natürliche Logik nicht systematisch in die Irre führt. Wir können uns in jedem einzelnen Gedanken irren, aber wir können uns nicht in allem irren. Der Common Sense ist also unser revidierbarer, ausbaufähiger Ausgangspunkt, den wir niemals ganz und gar verlassen können, ohne uns in heillose Widersprüche zu verrennen. Ausschließen können wir natürlich auch nicht, dass uns der Common Sense in die Irre oder in Widersprüche führt. Im Gegenteil, das ist ja eine der leichtesten philosophischen Übungen. Aber es verlangt ja auch niemand, dass wir am Ausgangspunkt stehen bleiben. Der Alltagsverstand oder „Common Sense" ist ja eine höchst umstrittene Angelegenheit, das muss eingeräumt werden, aber er ist praktisch der harte Kern all unserer theoretischen und praktischen Überzeugungen. Die phänomenale Welt als intentionales Objekt unserer Wahrnehmung ist ebenso wie der Kalkül des natürlichen Schließens das Tribunal, dem wir Rechenschaft schulden, wenn wir uns allzu weit von diesem „harten Kern" entfernen. Denn in praxi, auch in der Praxis des theoretischen Nachdenkens, existieren wir in der Welt, die wir wahrnehmen, die wir begrifflich konzeptualisieren und durch semantische, ästhetische und ethische Urteile und deren logische Verknüpfungen auf der Grundlage des Bivalenz-Prinzips und der Korrespondenztheorie der Wahrheit und der Bedeutung (mit Anteilen einer Konsenstheorie) in ihrer Kohärenz und Konsistenz verstehen wollen, um in ihr fühlen, denken und handeln zu können. Geben wir die natürliche Wahrnehmung und die natürliche Logik vollständig auf, dann wissen wir streng genommen nicht mehr, was wir denken, wahrnehmen oder tun. Der naive oder intuitive Realismus des Denkens und

Wahrnehmens verschafft uns zwar kein „unhintergehbares" oder „letztbegründetes" Fundament all unseres Glaubens, Meinens und Wissens, aber er bleibt auch für den wissenschaftlichen Realisten oder den epistemologischen Relativisten und den ontologischen Konstruktivisten immer der Fixpunkt für unsere Konzepte der Wirklichkeit (*de re*) und der Wahrheit (*de dicto*). Damit ist aber keine inhaltliche, dogmatische Festschreibung verbunden, sondern der Erkenntnisweg ist offen für unendlich viele Diversifizierungen, Pfade und Verzweigungen, die unmöglich zu prognostizieren sind. Auch die Züge, die die Regeln des Schachspiels möglich machen, kann kein – auch kein elektronisches - Gehirn alle vorhersehen, so wenig wie alle Kompositionen, die auf einem Instrument möglich sind. Wenn ich sage, „es gibt" die Welt, dann sage ich, dass es alles gibt, was es gibt – nicht mehr und nicht weniger. Der Ausdruck „Welt" ist nur ein Abkürzungszeichen, um zu sagen, dass es nur das gibt, was es gibt. Also handelt es sich letztlich um eine logisch wahre Aussage, um eine Tautologie. Viel interessanter sind doch die Kriterien für das, was „es gibt": wovon sage ich denn, dass es vorkommt, wovon sage ich, dass es nicht vorkommt? An dieser Frage des Kriteriums und seiner Begründung scheiden sich natürlich wieder die Geister. Dabei könnte es sich als naiv und revisionsbedürftig erweisen, von einem einfachen, gleichartigen Vorkommen für alles, was ist, auszugehen. Möglicherweise gibt es verschiedene ontologische

Grade, Stufen oder Modalitäten des Vorkommens. So wurde in der Viele-Welten-Theorie der Versuch gemacht, modale Welten — mögliche, wirkliche und notwendige — voneinander zu unterscheiden. Oder Karl Popper hat versucht, die eine Welt in die physische, abstrakte und geistige Welt zu unterteilen. Am populärsten ist die religiöse, nicht nur auf das Christentum beschränkte Zwei-Welten-Lehre, der zufolge es eine Welt des Heiligen und eine Welt des Profanen gibt. Markus Gabriel trägt dem durch seine Sinnfeldtheorie scheinbar Rechnung. Im Gegensatz zu den übersichtlichen, weil abzählbaren Viele-Welten-Theorien, schlägt er in Anknüpfung an Leibnitz eine unendliche Pluralität von Welten vor. Das führt uns auch zu der Frage nach dem Kriterium zurück, auf dessen Grundlage wir unsere Welten oder Wirklichkeiten ordnen. In den wissenschaftsnahen Philosophien dominiert der Holismus bzw. der ontologische Monismus, also die Eine-Welt-Theorie.

Probleme des Monismus

Ein Kriterium ist eine Art Selektionsmechanismus, der eine dichotomische, also letztlich dualistische Einteilung in das, was dem Kriterium genügt und — den Rest erlaubt. Aus dieser einfachen Annahme folgt schon ein eklatantes Problem für eine monistische Konzeption der Welt, die alles umfassen soll, was es gibt. Sie hat entweder ein Kriterium, dann kann sie nicht „alles, was es gibt" umfassen, sondern muss einiges draußen vor der Tür der Wirklichkeit lassen (wo sollte das sein?), z.B. imaginäre und illusorische intentionale Objekte. Oder sie hat kein Kriterium, dann sind alle Aussagen ohne Unterschied erlaubt, auch die Aussage, die Welt existiere nicht oder nichts existiere oder alles existiere. Denn ohne Kriterium gibt es keine Möglichkeit der Unterscheidung. Es ist dann sogar die Frage, ob sinnvolle Aussagen noch möglich wären. Ich glaube nicht, denn dazu benötigte man ja ein Sinnkriterium. Das lässt sich an Markus Gabriels Konzeption der Welt gut durchspielen. Scheinbar besitzt er kein Kriterium für seine Konzeption der Wirklichkeit. Denn bei ihm „gibt es alles". Außer der Welt. Da ist er wieder, jener ominöse Ort „draußen vor der Tür" dessen, was es gibt. Merkwürdig ist das schon, ist der Begriff Welt doch nichts anderes als ein Label – für alles, was es gibt. Natürlich können auch Gedanken der Fall sein, also tatsächlich existieren. Aber Gedanken an 100 Euro sind etwas anderes als 100 Euro. Das weiß jeder, der sie nicht hat. Natürlich kommen auch Weltgedanken in der Welt vor. Aber die Welt kommt nicht in der Welt vor, weil sie der Name für das ist, was es alles „gibt". Der Name „Welt" kommt in der Welt vor, aber nicht die Welt. Markus Gabriels Argument ist also so simpel wie falsch: 1. Wenn die Welt alles ist, was es gibt, dann müsste eigentlich auch die Welt in der Welt vorkommen, wenn es sie gibt. 2. Da sie nicht in der Welt vorkommt, gibt es sie nicht. Das logische Problem, das mit dem Weltgedanken verbunden ist, bezieht sich auf das

Wörtchen „alles". Markus Gabriel glaubt nämlich, dass das Wörtchen „alles" unsinnig ist. Daher behauptet er auch, dass es alles gibt, außer der Welt. Also eben nicht – alles. Sondern nur fast alles. Aber welchen Sinn sollte es haben, zu sagen, dass es „fast" alles gibt? Natürlich ist es anstößig zu behaupten, dass es etwas gibt, was es nicht gibt. Aber wir wissen seit Russel, dass für negative Existenzaussagen keine Existenzpräsuppositionen nötig sind, sondern dass wir zu jeder Beschreibung einen Existenzoperator einsetzen können, der im negativen Fall - „Es gibt kein x, für das gilt: x=y", wobei „y" eine Beschreibung ist – einfach bedeutet, dass etwas nicht der Fall ist, was der Beschreibung y entspricht. In Russels Formel ausgedrückt sagt Gabriel also: „Es gibt kein x, für das gilt: x = alles, was der Fall ist." Alles wäre einfach zu viel für ein x. Es gibt, dem kann man nur von Herzen beipflichten, kein Ding, kein „Seiendes", das alles wäre. Aber aus der Formel folgt leider, dass es nichts gibt, was der Fall wäre. Und das kann ja nicht im Interesse von Gabriel sein. Wenn es aber kein Seiendes gibt, das alles ist, so ist doch jedes Seiende etwas, was es gibt. „Alles" bedeutet: „Jedes einzelne" oder „alle zusammen". Wenn alle singen, singt zwar jeder einzelne, aber es singen nicht notwendig alle zusammen. Wenn alle wählen, wählt zwar jeder einzelne, aber es wählen nicht notwendig alle zusammen. Wenn alles existiert, existiert zwar jede Tatsache, aber es existieren nicht alle Tatsachen zusammen. Je nachdem, wie man Wittgensteins Satz interpretiert, kommt man zu einer anderen Aussage: „Die Welt ist alles, was der Fall ist" bedeutet dann entweder: Die Welt sind alle einzelnen Tatsachen, die der Fall sind oder die Welt sind alle Tatsachen zusammen, die der Fall sind. Wittgensteins Gebrauch des Ausdrucks „gesamte Wirklichkeit" deutet auf letztere Verwendung, aber ich denke, dass auch für die erstere gute Chancen bestehen. In dem einen Fall muss ich keinen Zusammenhang zwischen den Tatsachen behaupten, in dem zweiten wird er nahegelegt. Gegen die Interpretation Wittgensteins, dass er alle Tatsachen zusammen meint, spricht freilich seine Behauptung, dass die Tatsachen unabhängig voneinander existieren. Umso besser. Auch bei Markus Gabriel gibt es etwas, das es nicht gibt. Seien wir nicht spitzfindig und gestehen ihm diesen Satz zu. Sagen wir einfach mit Wittgenstein, dass die Welt alles sei, was der Fall ist oder die „gesamte Wirklichkeit". Dem widerspricht auch Gabriel nicht. Behauptet er doch, dass es „alles gibt", außer der Welt, die es nicht gibt. Dann sagt er ja, dass es alles gibt, was es gibt. Nur dass „alles" eben kein eigener, neuer Gegenstand sei, der zu allem noch dazukäme. Das entspräche aber meinem Beispiel mit der Torte. Wenn die Torte aus acht Stücken besteht, dann gibt es diese acht Tortenstücke und nicht zusätzlich noch die Torte. Was ist ein Gegenstand? Ein Gegenstand ist alles, worauf ich mich beziehen kann. Ein Gegenstand kann konkret oder abstrakt, singulär oder seriell, er kann ein Einzelding oder ein Kollektiv, eine Menge von Dingen oder abstrakten Gegenständen sein. Diese Definition in

Gabriels Behauptung eingesetzt ergibt den seltsamen Satz: Es gibt alles (= Alles ist wirklich), außer dem, was der Fall oder was die gesamte Wirklichkeit ist. Das ist dann wohl ein Selbstwiderspruch. Gabriel würde natürlich widersprechen. Der Stein des Anstoßes wäre wieder das Wörtchen „gesamt", also „alles". Eine gesamte Wirklichkeit gibt es nicht. Warum kann es nach Gabriel nicht alles „insgesamt" geben? Wohlgemerkt, der Erkenntnistheoretiker Gabriel argumentiert streng logisch und ontologisch, er sagt nicht etwa, dass kein Mensch alles begreifen könne, dass keiner die Welt in ihrer Totalität erkennen könne, dass sie zu groß, zu umfassend wäre. Das sagt er zwar irritierenderweise auch, aber das ist nicht sein Argument. Sein Argument lautet schlicht, dass die Welt in der Welt vorkommen müsse, wenn sie der Fall wäre. Er argumentiert also mengentheoretisch, dass die Welt als die umfassende All-Menge sich selbst enthalten müsste. Sein Argument ist also eine *reductio ad absurdum*, beispielsweise des Weltbegriffes von Wittgenstein (Welt als „gesamte Wirklichkeit") und Heidegger (Welt als „Bereich aller Bereiche"). Nimmt man diese Weltkonzepte beim Wort, so Gabriel, käme man zu einer absurden Konsequenz. Aber meines Erachtens liegen hier zwei Fehlschlüsse vor. Erstens ein Kategorienfehler, da er den Weltbegriff auf der gleichen logischen Stufe ansiedelt wie den Begriff von dem, was es gibt. Die Welt gibt es natürlich nicht auf die gleiche Weise, wie es Berge oder Gedanken gibt. Die Welt ist also kein Gegenstand, der außer allem, was es gibt, noch zur Liste des Existierenden dazu käme. Wenn überhaupt, ist die Welt eine offene, unendlich verzweigte Liste. Folglich ist die Welt auch kein Supergegenstand. Die Welt ist selbst die unendliche „Liste" der „Gegenstände", die es gibt (in Gabriels Beispiel wohlgemerkt). Ich möchte die Welt jedoch nicht mit einer Liste vergleichen, in der man vermerkt, was es alles gibt, in der also auch die Liste selbst vorkommen müsste. Das Wörtchen „alles" suggeriert diese Selbstbezüglichkeit, die als Quelle vieler Paradoxien betrachtet wird. Mit logischen Stufentheorien – zu denen Russels logische Stufentheorie und auch Ryles Konzept des Kategorienfehlers gehören – oder mit Tarskis Wahrheitssemantik kann man diese Probleme vermeiden. Da das auch ein umstrittenes Gebiet ist, möchte ich mich dem zweiten Fehler Gabriels zuwenden, der meines Erachtens eklatanter ist: Er hängt mit dem Wörtchen „in" zusammen. Die Präposition „in" ist für Gabriels Argumentation sehr wichtig, auch für seine eigene Sinnfeldontologie. Wittgenstein meidet diese Präposition, er sagt ja nicht, alles, was der Fall sei, komme in der Welt vor. Oder alles, was wirklich sei, komme in der Welt vor. Er verwendet Identitätsaussagen: Welt ist alles, was sich wirklich ereignet. Gabriel behauptet nun, dass alles, was sich ereignet, sich irgendwo ereignen müsse. Er unterstellt also das Kriterium der räumlichen Lokalisierbarkeit als ontologisch notwendig für Existenzaussagen. Das ist unzutreffend. Ich kann beispielsweise abstrakte

Gegenstände nicht lokalisieren. Existieren sie deshalb weniger als konkrete Gegenstände? Das widerspräche auch seiner eignen Annahme, dass Gedanken (abstrakte Gegenstände) ebenso existieren wie Berge (konkrete Gegenstände). Er behandelt die Welt als ein Großereignis, das aber zu umfassend sei, um sich irgendwo zu ereignen. Auch hier kann man wieder sagen: das Super-Ereignis „Welt" ereignet sich nirgendwo, weil „Welt" kein Ereignis ist. Dennoch existiert die Welt – eben als Bezeichnung für alles, was sich ereignet. Ich fasse zusammen: Laut Gabriel führt der Begriff „Welt" mereologisch und topologisch zu Paradoxien: Über das Existenzkriterium müsste die Welt „in" sich selbst vorkommen, wenn es sie gibt. Man müsste sie also „innerweltlich" antreffen. Das topologische Argument lautet: Wenn es die Welt gibt, muss es sie irgendwo geben, man müsste sie also „innerhalb" oder „außerhalb" der Welt genau lokalisieren. „Innerhalb" der Welt würde implizieren, dass man die Welt unter anderen Gegenständen in der Welt antreffen können müsste. „Außerhalb" der Welt würde implizieren, dass die Welt nicht „alles" wäre (sonst gäbe es kein „außerhalb"). Da beide Konsequenzen absurd sind, gibt es keine Welt. Allein, dieser Gedankengang ist absurd, denn die Welt ist kein Gegenstand in der Welt und nicht alles, was es gibt, hat einen Ort. Ein weiteres Argument Gabriels hängt nun aber genau damit zusammen: ein Name, ein Begriff, ein singulärer oder genereller Terminus bezieht sich entweder auf Einzelgegenstände oder auf Klassen und Mengen. Skandalös, weil offenkundig falsch, ist Gabriels Behauptung, dass wir keine Weltbilder haben könnten – mit der Begründung, dass es die Welt eben nicht gebe. Mit so viel Leichtigkeit und spöttischer Leichtfertigkeit ist noch kein Philosoph über seine eignen Füße gestolpert. Denn nicht nur er kommt ohne einen Weltbegriff nicht aus, sondern seiner eignen Philosophie entsprechend – die er aufmerksamkeitsheischend anpreist, als wäre sie ein neues Produkt auf dem Weltmarkt – existiert die Welt natürlich, denn sie erscheint ja, wenn auch nur in je eigenen „Sinnfeldern". Die Rede von der Welt schafft man so leicht nicht aus der Welt, auch wenn keine Rede so umfassend wäre, dass sie alle anderen einschlösse, auch alle künftigen und auch alle widersprechenden. Das ist eigentlich erfreulich, denn in einer derart „geschlossenen Gesellschaft" möchte ja nicht einmal ein Hund länger leben. Den größten Wert legt Gabriel allerdings auf sein Argument, dass ein einziges grundlegendes Prinzip, das alles, was erscheint, zu einem Ganzen – eben zu der Welt – vereint, ohne Widerspruch nicht denkbar sei. Ein solches einheitliches Grundprinzip sei aber notwendig, um von der einen Welt reden zu können und nicht von einer Vielzahl von Welten, die miteinander nichts zu tun haben, sich nicht auf eine gemeinsame Wurzel, auf ein gemeinsames Prinzip „zurückführen" lassen. Warum sollte es eine solche „Weltformel" nicht geben können? Warum sollte die „Metaphysik" seit zweieinhalb

Jahrtausenden nach einem Grundprinzip der Welt vergeblich gesucht haben? Warum sollte der Monismus falsch sein? Und warum sollte es ein Einwand gegen die Suche nach einer Lösung des „Welträtsel" sein, dass sie bisher noch nicht entdeckt wurde? Gabriels Antwort: weil es kein „Welträtsel" gibt! Dabei ergibt eine genauere Analyse des negierten Weltbegriffs, dass Gabriel von einem funktional, kausal und energetisch in sich abgeschlossenen System ausgeht, das er für unmöglich, weil undenkbar erklärt. Alternative Weltmodelle, die funktional, kausal und energetisch nicht in sich abgeschlossene Systeme repräsentieren, bringt er dabei gar nicht ins Spiel. Ein Universum, das nicht nur Materie und Kräfte, sondern auch Gefühle und Gedanken, Begriffe und Pläne, Liebe und Enttäuschung „enthält", das in seiner Totalität wahrscheinlich für jedes menschliche Gehirn unbegreif-bar ist, wird auch dann nicht aufhören, unbegreiflich zu sein, wenn wir bestreiten, dass uns ein kohärentes Konzept dafür fehlt. Im Gegenteil. Gabriel kapituliert vor der Ungreifbarkeit seiner eignen Gedanken. Aber eine Flucht vor dem Anspruch, die Welt zu denken, auch wenn dies zugestandenermaßen unmöglich ist, führt nur in erneute Widersprüche und Ungereimtheiten. Markus Gabriels These von der Inexistenz der Welt scheint spektakulär und unüberbietbar. Sie basiert tatsächlich aber auf nichts anderem als auf einem rhetorischen Trick. Denn dass der Begriff „Welt" keinen Gegenstandsbezug erlaubt, macht ihn nicht leer,

unsinnig oder sinnlos, so wenig wie die Begriffe „Liebe",
„Gerechtigkeit", „Wahrheit" und ganz allgemein alle
generellen Termini nicht deswegen sinnlos sind, weil sie
keinen individuierbaren und eindeutig identifizierbaren
Referenten haben. Deshalb zu sagen, Gerechtigkeit
oder Liebe gäbe es nicht, wäre mehr als voreilig.
Abstrakta haben eine semantische Ordnungsfunktion
und man begeht einen „Kategorienfehler", wenn man
ihnen ein konkretes Individuum – einen
„Supergegenstand", wie im Fall der „Welt" - zuordnen
möchte. Einschlägige Beispiele sind hier Ryles
„Universität" oder auch die „Naturgesetze", die man
auch nirgends im Universum vorfindet, die dennoch als
Instanziierungen oder empirische Regularitäten
unbestreitbar existieren. Hegels Kalauer, dass
Philosophen, die auf der Suche nach den erhabenen
Großbegriffen nichts fänden, weil sie wie Leute seien,
die in einem Gemischtwarenladen nach Obst verlangen
und jedes Exempel – diese konkreten, bestimmten
Bananen, Äpfel, Orangen...- ablehnten, weil sie eben
kein Beispiel, sondern das Wesen wollten, das
Allgemeine, das Obst an sich, umreißt das Problem, um
das es hier geht, aber karikiert es zugleich. Denn wenn
auf dem Einkaufszettel Obst steht, weiß der
philosophisch veranlagte Vater, dass er das Gesuchte –
nämlich Obst für die Kinder - nicht in einem Buchladen
oder bei Ikea findet, sondern im Supermarkt; und hier
nicht bei den Getränken, Brotwaren, Hygieneartikeln,
sondern eben in der Obstabteilung. Und zu seinem

Skript eines Einkaufs im Supermarkt gehören nicht nur die konkreten und korrekt etikettierten Waren als raumzeitliche Entitäten, sondern natürlich auch der Einkaufszettel, Gespräche mit Bekannten, Flirts mit der Kassiererin, Gedanken an die Wahlentscheidungen als Konsument und deren eventuelle Effekte auf die Weltwirtschaft. Das Skript ist so umfassend, dass es disparateste und konträrste Eigenschaften vereinigt, ohne wie eine semantische Zeitbombe zu explodieren. Es funktioniert nach einem alltäglichen Ritus, der auch ein schlechtes Gewissen und Zweifel an seiner Richtigkeit miteinschließt, ohne deshalb aufzuhören, ein Einkauf in einem Supermarkt zu sein. Abstrakta klassifizieren die Gegenstände in Gegenstandsbereiche und ermöglichen so allererst eine Ein- und Zuordnung konkreter Individuen – wobei wir es zunächst offenlassen können, ob es sich dabei um eine natürliche oder nur gedachte Ordnung handelt, um etwas, was auch ohne Menschen so vorkommt oder um eine soziale und kognitive Konstruktion zur besseren pragmatischen Orientierung. Es ist offenkundig, dass beide Optionen sich nicht ausschließen, sie können beide zugleich wahr sein. Es kann ja sein, dass wir aus Gründen der Orientierung in der Welt Begriffe konstruieren, die im besten Fall mit der natürlichen Ordnung der Welt übereinstimmen. Die begrifflichen Systeme, die wir bauen (= lat. construere; klingt noch in engl. construction = Baustelle an) berücksichtigen dann die Ordnung der Welt in der gleichen Weise, in der

Brückenbauingenieure und Architekten die natürlichen Materialeigenschaften der Baustoffe und die physikalischen Gesetze der Statik und Dynamik berücksichtigen. Tun sie das nämlich nicht, brechen ihre Brücken und Häuser zusammen und es wird ihnen die berufliche Lizenz entzogen. Im Rahmen einer Ontologie, die nur konkrete Individuen gelten lässt, hätten nur individuelle Termini einen Sinn – bzw. eine „Bedeutung" -, d.h. von der Sprache blieben nur die Eigennamen übrig. Eine Sprache nur aus Eigennamen wäre aber praktisch unbrauchbar. Eine nur referentielle und extentionale Semantik reicht also nicht hin, um alle Formen sprachlicher Bedeutung zu erklären. Gabriel rennt offene Türen ein. Das, was der Begriff „Welt" extensional umfasst, ist möglicherweise kein singulärer Gegenstand der Erkenntnis, sondern die Grundbedingung von Denken, Fühlen, Handeln und – Dasein.

Was ist der kontradiktorische Gegensatz zu „alles"?

Gabriels Argument setzt freilich auch noch an einer anderen Stelle an: Der Begriff „Welt" sei nicht nur deshalb sinnlos, weil er auf nichts referiere, sondern weil er im Rahmen einer differentiellen Semantik keinen Gegenbegriff, keine Opposition erlaube. Das zugrundeliegende Saussure'sche binäre Sprachmodell wird als Standardmodell der Semantik dabei vorausgesetzt, ganz so, als gäbe es keine Alternativen. Als absoluter und umfassendster Begriff der Ontologie bedeutet der Weltbegriff alles und damit nichts. Nur was einen konträren oder kontradiktorischen Gegensatz — eine partielle oder universelle Negation - einschließt, was also eine Negation erlaubt, kann als existierend oder zumindest als semantisch sinnvoll angenommen werden. Was man nicht unterscheiden kann, kann man auch nicht definieren. Möglicherweise wird es uns nicht gelingen, die „Welt" zu definieren, aber im Unterschied zu unseren falschen Weltbildern zunehmend besser zu verstehen. Über die der Geistes- und Wissenschaftsgeschichte immanente Differenzierungs-möglichkeit hinaus, trifft aber das Prinzip der Unterscheidbarkeit auf den philosophischen Weltbegriff als Inbegriff dessen, was ist, durchaus zu. Denn der Gegenbegriff zum Inbegriff dessen, was es gibt, ist der Inbegriff dessen, was es nicht gibt. Also nur, wenn ich die Rede von dem akzeptiere, was es nicht gibt, muss ich die Rede von dem akzeptieren, was es gibt. Letzteres wird gemeinhin als „Welt" bezeichnet, eben als Gesamtheit dessen, was ist, im Unterschied zu dem, was nicht ist. Wenn nun alles „ist", wenn das Nicht-Sein nicht mehr gedacht werden kann, dann muss freilich auch der Weltbegriff sich auflösen, der ja als Grenzbegriff zum Nichtseienden konzipiert ist. Diese Annahme liegt ja auch Gabriels These zugrunde, dass es alles gibt, nur eben die Welt nicht. Aber das Ergebnis dieses kleinen Rechenexempels ist natürlich falsch. Bei Gabriel wird der Weltbegriff nämlich so inflationär, da er auch das umfassen soll, was — weil nur als falscher Gedanke - nicht existiert. Also fliegt Gabriel die Weltblase um die Ohren und er kann nun gelassen verkünden, dass das, was nicht ist, doch existiert. Nur hat das die paradoxe Konsequenz, dass die Welt, eben weil es sie nicht gibt, eben – doch existiert. Denn sie existiert in der „Sinnfeld-Ontologie" Gabriels eben als – falscher Gedanke. Hier zeigt sich die Crux im Argument von Gabriel, denn seiner Meinung nach gibt es nichts, was nicht existiert. Gefühle, Gedanken, Einbildungen, Wahrnehmungen, Einstellungen existieren seiner Meinung nach ebenso wie Berge und Cola-Flaschen, nur an anderen Orten („Gegenstandsbereiche"): Der Gedanke an eine Cola-Flasche existiert in einem Gehirn oder vielmehr in einem „Geist", denn streng genommen enthält ein Gehirn keine Gedanken, sondern z.B. Neuronen, Dendriten, Axone, Synapsen, elektronische Potentiale, Gliazellen u.v.a.m.-, aber weder Gedanken noch Cola-Flaschen. Die gedachte Cola-Flasche ist kein Element der realen Welt, sagen die einen. Als Gedanke ist sie aber real, sagt Gabriel, folglich ist das Konzept der realen Welt falsch. Das, was es nicht gibt, wenn es alles gibt, kann nur ein Weltbegriff sein, der die Wirklichkeit in Fakten und Fiktionen, in Seiendes und Nicht-Seiendes einteilt. Interessanter-weise führt Gabriels Anerkennung des vollwertigen ontologischen Status von Gedanken an Cola-Flaschen im Verhältnis zu Cola-Flaschen zu der Idee, dass an dieser legendären Unterscheidung zwischen Fakten und Fiktionen etwas falsch sein müsse. Das ist merkwürdig, denn den ontologischen Dualismus zwischen Körper und Geist – und damit auch das Bewusstseinsproblem - lehnt er als völlig unplausibel ab. Denn es hängen beide Dualismen eng miteinander zusammen. Der Dualismus von „Körper" und „Geist" korrespondiert mit dem von „Fakten" und „Fiktionen". Die ontologische Gleichstellung beider Glieder beider Oppositionen führt zu einer Nivellierung der Dualismen. Dass darin eine der Pointen von Gabriels „Sinnfeld-Ontologie" liegt, verweist darauf, dass sie einen Vorschlag zur Lösung des lästigen Problems bedeutet, das in der Frage besteht, ob man den „Körper" auf den „Geist" oder umgekehrt, den „Geist" auf den „Körper" zurückführen kann. Eng damit verbunden ist die weitere Frage, ob der „Geist" allein die Last und Bürde aller Fiktionen tragen solle. Denn bis auf eine Ausnahme – Nietzsche – ist der Glaube herrschend, dass die „Welt" faktual sei, nur der „Geist" bringe aufgrund seiner Irrtumsanfälligkeit „Wahn und Meinung" ins Spiel der Welt. Aber die von Gabriel vorgenommene Simplifizierung ignoriert viele weitere Varianten einer gemischten Ontologie. Denn natürlich können auch Fakten – ebenso wie Fiktionen – als Leistungen des Geistes oder der Sprache gedeutet werden. Bei Quine findet sich sogar die interessante Möglichkeit, die einen Grundgedanken von Nietzsche aufgreift, sensorische Reizungen mit Begriffssystemen zu korrelieren. Wie dem auch sei, Gabriels „Sinnfeldontologie" stellt einen Versuch dar, beide Dualismen mit einem Streich aufzulösen. Was anderes soll die Zuerkennung eines rechtmäßigen ontologischen Status als „real existierend" für ausnahmslos fast alle „wahren" und alle „falschen" Gedanken, Fantasien, Träume etc. bedeuten? Ausnahme: natürlich „die Welt". Doch anstatt die Option des Monismus, der so in Sicht kommt, zu ergreifen, zertrümmert Gabriel das Gefäß der Welt in unendlich viele Mikro-Welten. Bevor ich auf diesen Aspekt näher eingehe, bleibe ich noch ein wenig bei seinem Weltbegriff. Der metaphysische Weltbegriff ist also im Rahmen von Gabriels Ontologie nur ein weiteres „Etwas", das unter zahllosen anderen „Etwassen" existiert. Reicht das schon, um den Weltbegriff zu erledigen?

Kann ein Weltgedanke in der Welt vorkommen?

Ein Teilargument lautet hier, dass – wenn der metaphysische Weltbegriff nur ein weiterer Gedanke unter zahllosen anderen ist, die in der Welt vorkommen – es keinen Weltbegriff geben könne, der die Totalität des Seienden repräsentiert. Er müsste sich selbst enthalten: „Ich denke jetzt, dass die Welt alles ist, was der Fall ist, einschließlich dessen, dass ich dies jetzt denke.". Doch was ist daran widersprüchlich? Das erinnert an das Argument von Blaise Pascal, das freilich einem anderen Zweck diente, nämlich die Größe und zugleich die Nichtigkeit des Menschen zu demonstrieren: Als Teil des Universums sei er winzig wie ein Staubkorn, als Geist umfasse er aber das Universum, könne es denken. Das eine schließt das andere tatsächlich nicht aus. Wenn ich in der U-Bahn sitze, dann weiß ich nicht nur in Form pragmatischen Orientierungswissens, dass ich in der U-Bahn und nicht am Strand in Zempin auf Usedom sitze, sondern ich kann objektiv den Gedanken denken, dass ich am 24.09.2014 15.37 Uhr in dieser konkreten U-Bahn der Linie 7 in Berlin sitze, die eben den Adenauer-Platz passiert. Weil die U-Bahn und der Gedanke an die U-Bahn unterschiedlichen Gegenstandsbereichen angehören – Verkehrsmittel und Gedanken – entsteht so wenig eine logische Paradoxie, wie wenn ich einen Weltgedanken habe und gleichzeitig annehme, es gäbe die Welt, in der dieser Weltgedanken vorkommt. Das Argument basiert auf der mengentheoretischen Überlegung, dass eine Menge nicht Element ihrer selbst sein kann. Eine Menge kann sich natürlich nicht selbst enthalten, so gibt beispielsweise nicht die Menge aller Mengen, denn diese müsste eine Teilmenge von sich selbst sein. Eine Gesamtmenge kann nicht zugleich eine Teilmenge von sich selbst sein. Diese Analogie ist aber falsch, da zwischen dem Gedanken und dem Gegenstand des Gedankens nicht unterschieden wird. Der Gedanke an das Weltganze kann durchaus in der Welt existieren, ebenso wie der Gedanke an eine U-Bahn in dieser U-Bahn vorkommen kann, z.B. in meinem Gehirn bzw. Geist. So wenig wie der U-Bahn-Gedanke falsch ist, muss der Welt-Gedanke falsch sein. Nur dann, wenn Gedanken genauso existieren wie Berge, hätte mein U-Bahn-Gedanke in einer U-Bahn ein Problem.

Welten en miniature

Das Wort „Welt" hat zwar im Alltagsgebrauch eine sehr vielfältige Verwendung, dennoch haben diese Gebrauchsweisen einige gemeinsame Merkmale. Das Wort „Welt" – wie in „Welt der Mode", „Welt der Insekten" oder „Welt der Bücher" etc. – meint die strukturierte, „sinnvolle" Gesamtheit eines bestimmten Gegenstandsbereiches oder – wie in „Weltmeisterschaft", „Weltkongress" und „Weltherrschaft" – eine maximale menschliche Ambition in Bezug auf die gesamte Menschheit unter einer speziellen Perspektive wie der des Sports oder der politischen Macht. „Weltraum" meint das gesamte Universum unter physikalischer Beschreibung. Im Gegensatz zum Mengenbegriff umfasst der Weltbegriff alle Aspekte, die für den Gegenstandsbereich konstitutiv, relevant oder typisch sind, so zum Beispiel Werbe- und Verkaufsstrategien im Fall der Mode, Nahrungs- und Sexualverhalten der Ameisen oder Produktions- und Marktbedingungen für Schriftsteller. Der Weltbegriff umfasst also auch dynamische, temporale, sogar chaotische Prozesse, wie z.B. im Begriff „Weltklima" oder „Weltwirtschaft". Der moderne Nachfolger des Weltbegriffs ist der Systembegriff, der die strukturelle und funktionelle Geschlossenheit des betrachteten Gegenstandsbereichs hervorhebt, so wenn vom „Klimasystem", „Ökosystem", „Wirtschaftssystem", „Weltsystem" oder „Planetensystem" die Rede ist. Die alltäglichen Verwendungsweisen des Wortes „Welt" können als metaphorische Miniaturisierungen des philosophischen Weltbegriffes betrachtet werden, wie er vom Griechischen „Kosmos" bzw. dem Lateinischen „mundus" ins Deutsche übernommen wurde, und zumindest im Lateinischen schon, neben dem Ganzen der erfahrbaren Wirklichkeit, die „kleine Menschenwelt, die sich gewöhnlich für ein Ganzes hält" und das „Diesseits" der „Schöpfung" im Gegensatz zum christlichen „Jenseits" meinte. Eine spezielle Bedeutung erhält der Weltgedanke in den Religionen, in denen er immer als ein definiertes – submundanes - Seiendes im Unterschied zum transmundanen Seinsbereich des Göttlichen und der Götter gesehen wurde. Natürlich impliziert der Abschied von einem religiösen Weltmodell auch die Absage an die Idee, es bei der „Welt" mit einem begrenzten, definierten Etwas zu tun zu haben. Offenkundig hat die kulturelle Evolution der Menschheit auch einen Wandel im Welt- und Selbstkonzept mit sich gebracht. So spricht man am Ende der christlichen Periode in Europa von der Säkularisierung oder Verweltlichung des Christentums und der gesamten Kultur, ganz so als gäbe es eine ontologische Alternative zu dem, was tatsächlich existiert. Sprichwörtlich ist diese Konzeption in der christlichen Zwei-Welten-Lehre von Augustinus und Martin Luther geworden. Die Säkularisierung wurde überwiegend durch eine Reihe spektakulärer wissenschaftlicher Entdeckungen befördert, die unser Wissen über die Welt nicht nur vermehrt, sondern tiefgreifend verändert haben. Die Annahme der Existenz anderer Welten hat nun entweder eine theoretische Bedeutung wie in der Kosmologie und in der Modallogik bzw. Mögliche-Welten-Theorie, oder eine im engen Sinn metaphorische Bedeutung und meint dann lediglich aus einer bestimmten Perspektive „fremde", schwer zugängliche Wirklichkeiten. Kurz gesagt, die Entdeckung fremder oder anderer „Welten" ist nur möglich im Rahmen des Konzeptes der einen Welt des Wirklichen, die von uns als Erkenntnissubjekte noch nicht erschlossen wurde oder möglicherweise auch nicht vollständig erschließbar ist. Doch es macht einen Unterschied, ob ich behaupte, die Welt sei keine in ihrer Totalität erfassbare „Einheit in der Vielfalt" oder ob ich sage, dass es sie überhaupt nicht geben würde. Das mag auf den ersten Blick ungemein entlasten, ist aber nur ein weiterer Versuch, die philosophischen Probleme zu bestreiten. Vielfach wird der Ausdruck „Welt" aber auch schlicht im Sinne von „Dasein", „Erde", „Leben" oder „Wirklichkeit" verwendet, wie in den Redewendungen „zur Welt kommen", „in/auf der Welt sein", „das Licht der Welt erblicken", „nicht aus der Welt sein", „nicht von dieser Welt sein". Weitere Verwendungsweisen begegnen in „die Welt umsegeln", eine „Weltreise machen". „Eine Dame von Welt", die „große Welt" oder „Weltweisheit" beziehen sich auf soziale Wertschätzungen, haben also einen ausschließlichen Bezug zu einer menschlichen Gesellschaft und den in ihr herrschenden Werten. Dieser kursorische, beliebig erweiterbare Überblick zeigt deutlich, dass der Weltbegriff keine feste, sondern eine überaus flexible, fluide Bedeutung hat. Der philosophische Weltbegriff meint im Unterschied zu den Miniaturwelten die extensionale Gesamtheit all dessen, was überhaupt existiert im Kontrast zu der Gesamtheit des Nichtexistierenden. Wenn man wie Gabriel bestreitet, dass es nichts gibt, das nicht existiert, dann ist das das Ende dieses Weltbegriffes. Da er aber behauptet, dass es „die Welt" nicht gibt, führt er paradoxerweise den Weltbegriff wieder ein, nachdem er ihn in die Wüste des Nicht-Existenten geschickt hat. Das bedeutet einfach — und darin besteht sein rhetorischer Taschenspielertrick — den Weltbegriff inflationär zu verwenden, aber die daraus resultierenden Probleme — beispielsweise den Dualismus von Körper und Geist — aus dem Bereich sinnvoller Probleme zu verbannen. Es ist sowohl für das Weltkonzept als auch für den Systembegriff wichtig, ob man „geschlossene" oder „offene" Formen bevorzugt. Definiert man „Welten" als funktional, kausal oder energetisch geschlossene Systeme, dann hätte der Pluralismus Gabriel'scher Prägung ein echtes Problem, die Interdependenz und Reziprozität der Mikro-Welten zu erklären. Lässt man aber umgekehrt Wechselwirkung und Kommunikation zwischen den Miniatur-Welten zu, dann bröckelt sein Argument gegen den Monismus, der es erlaubt, die unendlichen Welten unter einen Begriff zu bringen.

Natürlich ist es philosophisch interessant, sich die Frage zu stellen, warum vermutlich alle Sprachen über Wörter verfügen, die eine Bezugnahme auf eine spezielle oder generelle Totalität von Phänomenen erlauben, deren ontologischer Status nicht von vornherein festgelegt ist, denn die „Welt der Gefühle" und die „Welt der Phantasie" haben einen anderen ontologischen Status als die „Welt der subatomaren Teilchen". Im Unterschied zu anderen generellen Termini, Abstrakta, Allgemein- oder Gattungsbegriffen, mit deren Hilfe man z.B. auf konkrete Individuen referieren kann, wie „Hund", „Liebe" oder „Tod", beispielsweise in der Aussage „Sokrates ist ein Hund", ist der Weltbegriff normalerweise ein Begriff zweiter Ordnung, der auf andere Abstrakta bezogen erst eine sinnvolle Verwendung hat. Dann wird er durch einen *Genitivus objectivus* ergänzt, z.B. in „Welt der Hunde". Ausnahmen sind erst möglich, seit man in der Erkenntnistheorie die Idee einer „je meinigen Welt" gebildet hat, so z.B. in „Die wunderbare Welt der Amelie" (*Genitivus subjectivus*). Wird also der Ausdruck „Welt" philosophisch ohne Genitivergänzung gebraucht, handelt es sich streng genommen um eine Hyperbel. Wenn mit „Welt" das Ganze der Wirklichkeit, des Seienden oder Tatsächlichen gemeint ist, dann müsste man auch von der „Welt der Wirklichkeit" reden, im Unterschied zur „Welt der Möglichkeiten" oder der „Welt der Träume". Diese Überlegungen legen es nahe,

204

Gabriels These von der Inexistenz der Welt so zu deuten: eine „Welt der Wirklichkeit" gibt es nicht, wenn buchstäblich alles wirklich ist. Die „eine" Welt ist dann nur noch als Vielzahl von Welten denkbar. Die „Welt" als maximale Selektions- und Filtermaschine versagt, wenn es nichts gibt, was in ihr nicht vorkommt. Sie hätte nur Bestand, wenn es etwas gäbe, was in ihrem Herrschaftsbereich nicht geduldet sein würde. Meines Erachtens „gibt" es so etwas durchaus. Das sind eben die falschen Gedanken über die Welt, unsere gesammelten Irrtümer. Sie kommen zwar leider als Gedanken vor, auch durchaus „in" der Welt. Aber das, worauf sie sich beziehen, existiert eben nicht, sondern kommt eben nur als Simulation, Illusion, Imagination, Einbildung von etwas tatsächlich Seienden daher. Wenn mein dreijähriger Sohn spielt, er sei ein Feuerwehrmann, dann ist er kein Feuerwehrmann, so sehr er auch in seiner Rolle aufgehen mag. Nun gibt es Illusionen genauso wie es Berge gibt. Aber das, was illusionär imaginiert wird, gibt es eben nicht „genauso" wie es Berge gibt. Wenn nun mein Sohn sich in seinem „Sinnfeld" als Feuerwehrmann erscheint, dann ist laut Gabriel „garantiert", dass er ein Feuerwehrmann ist. Diese Konsequenz ist unvermeidlich, da es die „Welt" als Selektionsfilter zwischen faktualen und fiktionalen „Erscheinungen" nicht mehr gibt. Ein Dreijähriger weiß aber, wenn sein Spiel beendet ist, dass er kein Feuerwehrmann ist, sondern nur gespielt hat, einer zu sein. Gabriel verwechselt das Faktum eines Gedankens mit seinem Inhalt. Interessanterweise kommt hier ein weiterer Begriff ins Spiel: der Wahrheitsbegriff. Denn mein Sohn weiß, dass er „in Wahrheit" kein Feuerwehrmann, sondern ein dreijähriger Windelträger ist. Und „in Wahrheit" bedeutet dann ja nichts anderes als „in Wirklichkeit" oder eben „in der Welt". Nun gibt es freilich diese Spielfantasien und noch weitere „Spekulationen" (Kant), die in ihrer Kühnheit und Unbedarftheit über ein allzu enges Realitätskorsett hinausgehen. Auch sie sind ein qualifizierter Teilbereich der Welt, der mit anderen Weltbereichen sogar eng zusammenhängt – es gibt ja tatsächlich Feuerwehrmänner -, aber die Aussage, mein dreijähriger Sohn sei ein Feuerwehrmann, ist nicht nur in „meinem Sinnfeld", sondern auch in seinem eigenen falsch und diese Falschheit basiert auf der Beschaffenheit der Welt.

Während die „metaphysischen Realisten" nach der „Welt ohne Zuschauer" suchten – so Gabriel in einer schönen, traditionsreichen Bühnenmetapher -, seien deren Gegner nur aufs Publikum bedacht. Beides hält Gabriel zurecht für einseitig, denn in einer richtigen Theateraufführung sitzt das Publikum nicht vor geschlossenem Vorhang oder spielt das Theaterensemble nur zur Probe vor leeren Bänken. Gabriels Frage, ob es die Welt als durchgehend organsierte, zusammenhängende Ganzheit gibt, beantwortet er also selbst mit der Theater-Metapher. Warum schlägt er den Gedanken aus, dass es die Welt als Gesamtheit von „Welt mit Zuschauern" gibt, analog zu seiner Theatervorstellung? Tatsächlich reicht die Bühnenmetaphorik weit in die Metaphysik hinein. Wie man eine Theatervorstellung als „Ganzheit" konzeptualisieren kann, warum nicht auch die „Welt"? Als „Welttheater". Oder als „Weltbühne".

Ich habe festgestellt, dass der Ausdruck „Welt" kein festes Denotat hat, dennoch hat er ja einen Sinn, nämlich den einer differenzierten, in sich unterschiedenen, aber nicht notwendig geordneten, strukturierten oder lokal und temporal abgeschlossenen Gesamtheit. „Welten" können ja auch offen, einem Wandel unterworfen, aus den Fugen geraten sein. Was konnotiert man also mit dem Weltbegriff, welche besondere Sicht auf die Wirklichkeit setzt man mit ihm voraus? Ist er und warum ist er unverzichtbar, wenn wir uns über die Wirklichkeit Gedanken machen, uns fragen, was es gibt und was nicht? Warum erlaubt es die Sprache, von „der Welt da draußen" und von „meiner Welt" zu sprechen oder davon, dass jeder in „seiner Welt lebt" und dass „wir in unterschiedlichen, ja getrennten Welten leben"? Setzt der Weltbegriff Zusammenhänge oder Gemeinsamkeiten dessen voraus, was in einer Welt vorkommt? Oder ist die Tatsache des Vorkommens von Etwas hinreichend, um es in die Welt als Gesamtheit dessen, was existiert, aufzunehmen? Ist „Welt" im philosophischen Sinn schlichtweg alles, was existiert? Was könnte damit gemeint sein?

Ich stelle zunächst die Vermutung an, dass der Ausdruck „Welt" eine klassifikatorische Funktion hat, und sich auf die potenziell unbegrenzte Gesamtheit dessen, was als wirklich, real, faktisch, tatsächlich gilt, bezieht. „Welt" bedeutet dann alles, was objektiv und unabhängig von seiner Erscheinung für ein Subjekt existiert. Wenn ich glaube, dass die Erde eine flache Scheibe ist, dann gibt es zwar dieses „Glaubensvorkommen" in der Welt, aber das, was dies Glauben bedeutet, kommt in der Welt nicht vor. In diesem Sinn ist der philosophische Ausdruck „Welt" lediglich ein Konzept, eine Idee, ein Allgemeinbegriff, der alle verschiedenen Seins- oder Wirklichkeitsbereiche umfasst, wie verschieden sie auch sein mögen. Die Extension des Weltbegriffs ist prinzipiell offen, da er beispielsweise auch alle künftigen Dinge, Ereignisse, Zustände, Prozesse physischer oder mentaler Art umfasst: Ein künftiger Gedanke eines künftigen Menschen gehört genauso zur Welt wie meine aktuellen Wahrnehmungen und die Dinge oder Zustände, die ich jetzt wahrnehme.

Intensional ist der Weltbegriff nur durch das Kriterium der Existenz definiert, oder, wie Wittgenstein es formuliert: „Die Welt ist alles, was der Fall ist." In diesem Sinn liefert der Weltbegriff nur eine Festlegung dessen, was als „tatsächlich vorkommend", als „Bestehen von Tatsachen" behauptet werden kann, nämlich alles, was tatsächlich vorkommt. „Welt" bezieht sich nicht auf einen (Super-)Gegenstand, sondern auf alle Gegenstände, die tatsächlich vorkommen und vorkommen werden, wobei nicht nur individuelle, distinkte, physische Objekte in Raum und Zeit gemeint sind, sondern auch Stimmungen, Wahrnehmungen, Gedanken, Gefühle, Zustände, Geräusche oder Kraftfelder.

Metaphern haben nicht nur metaphorische Bedeutung

Erklärungsbedürftig sind nun aber die Wörter „Tatsache", „vorkommen", „wirklich", „der Fall sein" — offenkundig handelt es sich dabei um Metaphern, die nur in besonderen „Sprachspielen" und nicht schlechthin einen Sinn haben. Der metaphorische Charakter eines Großteils der Sprache, insbesondere der Aspekte der Lexik, die sich auf Abstrakta und mentale Prädikate bezieht, hat Anlass für großangelegte Forschungsprojekte gegeben. Es liegen zwei konkurrierende Theorien aus den USA dazu vor, die hier aber nicht weiter erörtert werden sollen. Nur so viel sei gesagt, dass sich der Wortursprung zum metaphorischen Transfer nicht notwendig so verhält, wie die saubere Quelle zur verdreckten Mündung. Die ursprüngliche Bedeutung eines Wortes geht mit dem metaphorischen Gebrauch unter Umständen auch verloren, so dass es ein Trugschluss wäre, als Quelle der Bedeutung sprachlicher, besonders philosophischer Ausdrücke die primäre Körpererfahrung anzunehmen, wie dies bei Lakoff und Johnson geschieht. Eher kann man auch im Gegenteil schließen, dass anhand primärer Körpererfahrung schon grundlegende Prinzipien der

Wirklichkeit entdeckt wurden. Es ist also unzulässig, aus dem metaphorischen Charakter der Sprache auf epistemologische Grenzen zu schließen.

Die Metaphern-Theorie erlaubt es aber, Ambiguitäten und Paralogismen aufzudecken, die sich aus dem Spiel mit der metaphorischen Bedeutung der Sprache ergeben, so beispielweise, wenn Markus Gabriel sehr unverfroren die Raummetapher einsetzt, um die Inexistenz der Welt zu „beweisen". In welchem Sinn kann man nun die Existenz oder Inexistenz der „Welt" behaupten oder bestreiten? Was soll es, die Existenz des Ganzen dessen, was der Fall ist, zu behaupten oder zu bestreiten?

Denken und Sein

Die Funktion des metaphysischen Weltbegriffes besteht darin, zwischen dem, was tatsächlich existiert – Gedanken an Einhörner – und dem, was nicht existiert – Einhörner – zu unterscheiden. Gedanken gibt es in der Welt, aber nicht alle Gegenstände von Gedanken. Insofern ist Gabriel zuzustimmen, wenn er zwischen dem Konzept des physikalischen Universums und einem umfassenderen Weltkonzept unterscheidet, das auch die phänomenale Welt von erkennenden und begehrenden Subjekten mit umfasst; es ist ihm aber darin nicht zuzustimmen, dass die Abschaffung des metaphysischen Weltbegriffs eine notwendige

Bedingung für die Rehabilitation mentaler Einstellungen ist.

Im Gegenteil. Dass das physikalische Weltbild nicht vollständig ist, erkennen wir daran, dass es die subjektive Erfahrung – das Qualia-Problem - ausschließt, die methodologisch seine Bedingung ist: Wissenschaftler machen Beobachtungen, sammeln „Daten" etc. Anstatt das Weltkonzept aufzugeben – was wir gar nicht können -, müssen wir es modifizieren.

Das Weltkonzept scheint mir notwendig zu sein, um zwischen Denken und Sein zu unterscheiden. Denken, Bewusstsein, Wahrnehmung, phänomenales Erleben gibt es in der Welt, aber die intentionalen Objekte gibt es nur, insofern sie in der Welt vorkommen. Dabei bedeutet „in der Welt" nicht – nach der Behälter-Metapher – dass die „Welt" tatsächlich ein Raum ist, der mit Gegenständen vollgestellt ist. Würde man dies annehmen, dann müsste man weiter fragen, worin sich dieser „Behälter" befindet – das könnte dann ja nicht mehr die Gesamtheit des Seienden sein. Logisch folgt aus der metaphorischen Bedeutung von „Welt" qua „Behälter", dass sich die Welt im Nichts, im Nichtseienden befindet. Kann diese Überlegung korrekt sein?

Wenn alles existiert, was es gibt, dann gibt es keine Welt

Der einfache Gedanke, dass es eine Welt gibt, in der alles existiert, schließt notwendig die Opposition, das Gegenkonzept einer Anti-Welt ein, in der alles das vorkommt, was nicht existiert. Da es aber nichts geben kann, was nicht existiert – sonst gäbe es das ja nicht -, kann es keine „Welt" geben. Ohne Anti-Welt keine Welt. Das erinnert stark an Friedrich Nietzsches Diktum, mit der wahren Welt habe er auch die falsche abgeschafft. Denn vom Nicht-Seienden können wir nicht sagen, dass es das gibt. Es dürfte also keinen Dr. Doofenshmirtz geben. Nun gibt es ihn aber, nämlich in Phineas & Ferb. Also gibt es keine Welt. Das soll der „Neue Realismus" sein, der einen Ausweg aus dem Dilemma anbietet, entweder nur eine „absolute"/metaphysische oder nur eine „subjektiv-relative"/ konstruktivistische Weltkonzeption wählen zu müssen. Tatsächlich handelt es sich um einen Etikettenschwindel, denn Gabriel sagt nichts anderes als dass alles, was es irgendwie gibt, auch tatsächlich existiert, also außer dem physikalisch beschreibbaren Universum alle weiteren „sinnhaltigen" Strukturen: Gefühle, Gedanken, Hoffnungen, Verzweiflung, Wahrnehmungen, Fiktionen, Comicfiguren.

Was existiert, gibt es nicht in der Welt, sondern im „Sinnfeld"

Wenn die Wirklichkeit nicht in der Welt erscheint, wo dann? Die Frage der genauen Lokalisierung von Realitäten beschäftigt Gabriel. Wenn ich nicht in der Welt lebe, worin dann? Gabriel interpretiert den Weltbegriff als Raum der Wirklichkeit. Wenn es kein Weltgebäude gibt, da dies ja auf „Nichts" gebaut wäre, müssen die Dinge unserer Erfahrung umziehen, sie brauchen ein neues Zuhause. Wird das Welthaus zu marode, dann ziehen wir einfach aufs Land, da gibt es genügend Felder, die wir kultivieren können: „Sinnfelder". Als ontologische Basiskategorie wählt Gabriel den *terminus technicus* „Sinnfeld", eine subjektivistische, ja idealistische Kategorie sui generis, mit hermeneutischer Konnotation.

Denn „Sinn" gibt es nur für ein Erkenntnissubjekt, und der Wortbestandteil „-feld" ist eine wiederholte metaphorische Anleihe aus der Wahrnehmungs-psychologie des vorvorigen Jahrhunderts, mit Ursprüngen in der Anfangszeit der Agrarkultur. Nun gibt es aber so viele Sinnfelder wie es Sinn- und Bedeutungskonstruktionen gibt, im Prinzip also unendlich viele. Damit sind wir aber himmelweit von einem „Neuen Realismus" entfernt. Wenn es Bedingung für den Existenzprädikator ist, dass etwas in einem „Sinnfeld erscheint", dann sind wir wieder beim subjektiven Idealismus: *esse est percipii*. Es braucht immer ein wahrnehmendes Subjekt, in dessen „Sinnfeld" „etwas" „erscheinen" kann, damit die Aussage erlaubt sei, dass dies etwas existiert. Doch fern aller Erkenntniskritik, ist die Erscheinung nun Garantie für die Existenz. Der Paranoiker braucht sich nicht mehr zu fragen, ob er wirklich, tatsächlich in der realen Welt verfolgt wird. Die Angst, verfolgt zu werden, ist hinreichendes Kriterium dafür, tatsächlich auch verfolgt zu werden. Gabriel verwechselt hier offenkundig (wahres oder falsches) Erkennen und Sein. Damit die Aussage wahr ist, dass da vorne ein Baum steht, muss da vorne auch schon ein Baum gestanden haben, bevor ich ihn wahrgenommen habe. Ich überprüfe mein Urteil nicht nur an meinen Wahrnehmungen, sondern außerdem meine Wahrnehmungen an dem, was ich wahrnehme. Dass ich dafür wiederum Wahrnehmungen in Anspruch nehme, ist kein Einwand gegen die Annahme einer wahrnehmungsunabhängigen Welt. Denn die Unterscheidung zwischen Wahrnehmung und Gegenstand der Wahrnehmung ist konstitutiv für den Wahrnehmungsbegriff. Man nimmt ja keine Wahrnehmungen wahr, sondern beispielsweise Dinge oder Ereignisse.

Erkennen und Wahrnehmen müssen logisch unabhängig von der Existenz sein, die Existenz von etwas muss unabhängig von jedem „Sinnfeld" angenommen werden, sonst kann Gabriel nicht behaupten, dass es den Vesuv in seinem Beispiel unabhängig von den verschiedenen Wahrnehmungsperspektiven gibt. Dann unterscheidet sich seine Position nicht von derjenigen von Berkeley, Kant oder den Konstruktivisten. Gabriels Einwand, dass die vom metaphysischen Realisten unterstellte Unabhängigkeit der Welt von Wahrnehmung und Erkenntnis zu dem Problem führe, was dann unsere Überzeugungen noch mit der Welt zu tun hätten, ist ebenfalls falsch, da die Welt zwar unabhängig von ihrer Erkennbarkeit existiert, aber die (wahren) Überzeugungen existieren nicht unabhängig von der Welt. Das tun eben nur die – falschen. Gabriel erschwindelt sich so eine metphysische Lizenz zum – Lügen.

Wenn ich den Begriff „Wirklichkeit" streng mit einem Subjekt korreliere, dem sie „erscheint", dann ist es auf den ersten Blick folgerichtig, von so vielen Wirklichkeiten zu sprechen, wie es Subjekte gibt, für die etwas als Wirklichkeit erscheint. Dann ist die Welt der Ameise x nicht nur von der Welt des Menschen y verschieden, sondern schon von der Welt einer anderen Ameise. Dass aber jeder in seiner eigenen Welt lebt, ist aus mindestens zwei Gründen ein unsinniger Gedanke, wenn er impliziert, dass es für niemanden einen Ausweg aus dieser einen, eignen Welt gibt und dass es streng genommen für jeden nur die eine, eigene Welt gibt.

Erstens impliziert dieser Gedanke einen Selbstwiderspruch, denn ich wüsste von anderen Subjekten und deren Welten nichts, könnte den Gedanken also gar nicht sinnvoll formulieren, dass jeder in seiner eignen Welt lebt, wenn er buchstäblich zuträfe. Die Tatsache, dass ich diesen Gedanken denken kann, setzt voraus, dass ich Vorstellungen von anderen Subjekten und deren subjektiven Welten entwickeln kann, womit ich ja über die „Grenzen meiner Welt" schon hinausdenken würde. Also ist der Gedanke falsch, dass jeder in seiner Welt lebt und es keine Überschneidungen zwischen den jeweiligen Welten gibt. Selbst wenn jeder die Wirklichkeit anderes erlebt, kann es Überschneidungen zwischen diesen Erlebnissphären geben.

Zweitens zeigt die Analogie, nach der der Gedanke einer „je meinigen Welt" gebildet ist, dass er viel harmloser ist als er erscheint und bei weitem nicht die o.g. Implikationen – Exklusivität und Geschlossenheit - mit sich bringen muss. Die Analogie lautet: Jeder lebt in seinem eignen Körper. Oder jeder hat nur seine eigene Wahrnehmung, sein eigenes Fühlen und Denken. Daraus zu schließen, dass für den Betreffenden auch nur der eigne Körper, das eigene Wahrnehmen, Fühlen und Denken existieren, wäre falsch. Wenn ich mit einem anderen Körper zusammenstoße, dann erweist dieser sich durchaus als real, ebenso wenn ich ihn wahrnehme, fühle oder an ihn denke. Gegenüber einem anderen Wahrnehmungssubjekt ist die Angelegenheit dann noch drastischer, da dann jeder, insofern er in seiner eigenen Totalität lebt, zugleich eine Teilmenge in der Totalität des anderen wäre. Da aber der je andere gar nicht unabhängig von mir existiert, wäre meine Existenz, die meine Totalität konstituiert, nichts anderes als eine Teilmenge ihrer selbst – ein absurder Gedanke.

Der alte „Neue Realismus"

Wenn Gabriel aber auf eine Binnendifferenzierung im Reich des Seienden verzichtet, z.B. zwischen dem Intersubjektiven, dem Subjektiven und dem Objektiven, vertritt er die Gleichwertigkeitsdoktrin der Konstruktivisten; wenn er aber eine solche Binnendifferenzierung zulässt, dann bewegt er sich im Rahmen einer gestuften metaphysischen Ontologie, wie sie vor ihm z.B. von Wittgenstein, Popper, Carnap oder Davidson – nur wesentlich differenzierter und konziser - entwickelt wurde. Die folgenreichste Ontologie des 20. Jahrhunderts war wahrscheinlich die des Tractatus-Logico-Philosophicus Ludwig Wittgensteins. Die beiden für Gabriels Thema einschlägigen Sätze lauten, die Welt sei alles, was der Fall ist, und die Grenzen meiner Sprache seien die Grenzen meiner Welt. Für den letzteren Satz kann man als Beispiel auch den weiteren heranziehen, dass die Welt des Glücklichen eine andere sei als die des Unglücklichen. In allen drei Fällen geht es um die Welt, aber immer unter einer anderen Perspektive: die Welt als Summe aller Tatsachen, die Welt als die Gesamtheit meiner individuellen Sprache, die Welt als Gesamtheit meines Erlebens. Es ergibt sich eine dreigliedrige Ontologie, die die beiden Bereiche der Tatsachen einerseits und der subjektiven Einstellungen andererseits kennt. Also das klassische Schema, das uns aus Descartes und Lockes Unterscheidung zwischen *res extensa* bzw. *res cogitans* und den primären bzw. sekundären Sinnesqualitäten bekannt ist. Darüber hinaus – als dritten ontologischen Bereich – die Sprache. Bei Wittgenstein gibt es aber eine merkwürdige Ambiguität bezüglich des Begriffs der Sprache. Denn Sprache wird einerseits als etwas Objektives aufgefasst, das fähig ist, die Welt der Tatsachen korrekt abzubilden; andererseits erscheint sie als eine je meinige Sprache, die meine Welt begrenzt und womöglich auch gegen die Welten anderer Menschen abgrenzt. Schließlich trennt das Erleben die Menschen nochmals ganz entscheidend und verbannt sie regelrecht in ihre je eigenen Welten des Glücks oder Unglücks.

Ist der Konstruktivismus durch den „Neuen Realismus" erledigt?

Gegen den Konstruktivismus muss man argumentieren, aber man muss differenzierter argumentieren. Warum eignet sich ausgerechnet die Negation des „Weltbegriffes" für eine Widerlegung einer im weitesten Sinne subjektrelativen Weltsicht wie die konstruktivistische nicht? Weil eine solche Argumentation nachdrücklich zugunsten einer konstruktivistischen Weltsicht spricht. Denn wir entwerfen ja pausenlos Weltsichten. Sowohl metaphysische Weltbilder als auch deren metaphorische Transfers – man kann sie Miniatur-Welten nennen, die Welt des Sports oder der Mode –

sind ja menschliche, speziell kommunikativsymbolische Leistungen, von denen nur der Mensch als Maß der Dinge übrigbleibt, wenn die Welt als absolute und objektive Totalität dessen, was existiert, gestrichen wird. Die Erklärung dafür, dass wir die Idee einer umfassenden Totalität des Seienden haben, kann, wenn „es die Welt nicht gibt", nur darin liegen, dass „die kleine Narrenwelt" („der Mensch") sich „gewöhnlich für ein Ganzes hält" (Goethe).

Wo Gabriel Recht hat

Man muss Gabriel zugutehalten, dass er ehrenwerte Ziele verfolgt; aber die Qualität einer Philosophie bemisst sich ja auch an der Art und Weise, wie diese Ziele verfolgt werden. Er ist sowohl gegen die Hybris einer nur naturwissenschaftlich definierten Weltkonzeption, die das Universum der physikalisch messbaren Tatsachen mit dem Objektiven gleichsetzt; gleichzeitig ist er gegen den „postmodernen" Relativismus und Subjektivismus, der in Form des soziologischen, psychologischen und neurobiologischen Konstruktivismus die herrschende Weltsicht darstellt. Gerade der neurobiologische Konstruktivismus zeigt sehr schön, wie das objektive Weltbild der Physik, in dessen paradigmatischem Rahmen das Gehirn als physisches Objekt betrachtet wird, in logische Paradoxien führt. Das physische Gehirn konstruiert eine phänomenale Welt, eine Welt der Wahrnehmungen, von der es zugleich ein Teil und notwendiger Weise kein

Teil ist. Im neurobiologischen Konstruktivismus gehen die Naturwissenschaft und der transzendentale Idealismus eine paradoxe, um nicht zu sagen: absurde Allianz ein. Dass hier etwas nicht stimmen kann, ist schon vielen Zeitgenossen aufgefallen. Frege hat allerdings nach wie vor das beste Argument gegen den neurobiologischen Konstruktivismus geliefert.

Die Quelle der Verwirrung

„Ich bin, ich existiere" ist gleichbedeutend mit „Ich lebe in der Welt", „wo" sonst, wenn die „Welt" der Allgemeinbegriff für alles ist, was es gibt, was existiert. Dennoch ist die Präposition „in" verwirrend, denn sie scheint zunächst eine lokale Bedeutung zu haben und daher die Idee nahe zu legen, dass man auch woanders existieren könnte. Insbesondere die Tatsache, dass alle Religionen eine „jenseitige" Welt annehmen, erhärtet die Vermutung, dass es für den menschlichen Geist keine Selbstverständlichkeit ist, in der einen Welt der Wirklichkeit zu existieren, und dass dies „in" in lokaler Bedeutung zu verstehen ist. Das aber ist falsch.

Möglicherweise handelt es sich daher linguistisch um eine Irreführung, denn die Präposition „in" hat nicht nur lokale Bedeutung. Dies belegen folgende Beispiele: „Ich bin in Verzweiflung", „Ich bin in Zeitnot.", „Das Auto kann in zwei Wochen geliefert werden.", „Er ist in Gedanken versunken.", „In dieser Situation würde ich anders handeln.", „In Wahrheit ist es anders.", „In

Wirklichkeit wollte er das Geld stehlen." Die Versuchung, psychische Zustände, Zeit, Gedanken, Situationen, Wahrheit und Wirklichkeit räumlich zu interpretieren, hat natürlich mit der Gewohnheit zu tun, die lokale Bedeutung der Präposition „in" metaphorisch auszuweiten. Tatsächlich ändert sich mit dem präpositionalen Objekt auch die Bedeutung der Präposition: Gedanken und zeitliche Phänomene sind eben auch dann keine räumlichen, lokalen Phänomene, wenn wir in „Gedanken ein Problem durchgehen" oder „in großen Zeiträumen planen".

Provisorisches Fazit

Gabriels Doppelstrategie – Negation des Weltbegriffs und Rehabilitation der Welterfahrung – ist letztlich paradox, denn seine „Sinnfeldontologie" setzt ein metaphysisches Weltkonzept voraus.

Die Einsicht, „in der Welt zu sein", d.h. zwischen dem, was es gibt und dem, was es nicht gibt, unterscheiden zu müssen, musste im Laufe der kulturellen Evolution vermutlich erworben werden. Am Ende dieses Prozesses könnte tatsächlich der Gedanke Nietzsches stehen, dass mit der „Abschaffung" sämtlicher „Hinterwelten", die vormals als „wahre Welten" galten, auch die vormals „falsche Welt" unserer physischen und psychischen Existenz abgeschafft wurde. Aber dieser Gedanke Nietzsches bezieht sich ausschließlich auf die Wertprädikate „wahr" und „falsch": Wenn es die vermeintlich „wahre Welt" (des Platonismus und des Christentums) nicht gibt, dann ist „unsere Welt" nicht falsch - sie ist eben die einzige. Man könnte auch ohne den pathetischen Weltbegriff auskommen, wenn wir Menschen immer wüssten, was tatsächlich der Fall ist, wenn wir nicht allzu oft aus Unwissenheit oder vorsätzlich Illusionen der Wirklichkeit produzieren würden. Dennoch leben Menschen nicht in Illusionen, sondern sie leben in der Welt, in der sie ihre Illusionen pflegen. Wenn aber unser epistemisches System so störanfällig ist, dass wir das, was wir glauben, mit dem verwechseln, was tatsächlich der Fall ist, ist es durchaus sinnvoll, von der Welt als Inbegriff dessen zu reden, was tatsächlich existiert, im Unterschied zu dem, was wir lediglich glauben. Markus Gabriel schleppt denn auch den ontologisch säkularen Weltbegriff mit im Gepäck, wenn er meint, dass Frau Holle nur im Märchen existiert. Wo sollte sie sonst existieren? Etwa in der Welt?

Bewusstseinsunabhängigkeit

Die Welt, so verkündete Schopenhauer in den 30er Jahren des 19. Jahrhunderts, sei nur seine Vorstellung. Kant hatte 40 Jahre früher in seiner Kritik der reinen Vernunft beweisen wollen, dass die erfahrbare Wirklichkeit vollständig von „subjektiven" Verstandeskategorien abhänge. Damit postulierte er eine radikale Abhängigkeit der wahrnehmbaren empirischen Wirklichkeit vom menschlichen Erkenntnisvermögen. Beide machten allerdings die Wirklichkeit nicht abhängig vom Bewusstsein oder von der Wahrnehmung, ja nicht einmal vom konkreten, subjektiven Denken. Denn diese subjektiven Eigenschaften verdankten sich noch grundlegenderen epistemischen „Strukturen", die als „Bedingung der Möglichkeit" von Erfahrung und empirischer Erkenntnis selbst absolut notwendig seien. Beide postulierten auch ontologische „Entitäten", die die Vorstellungs- bzw. Erscheinungswelt initiierten: den im Selbstbewusstsein erkennbaren Schopenhauerischen „Willen" bzw. das unerkennbare Kantische „Ding an sich". Eine Frage, die an diese ambitionierten Versuche natürlich gestellt werden kann, lautet: Wenn es denkbar ist, dass die Wirklichkeit nur von meinem Erkenntnisvermögen abhängt, warum dann nicht auch umgekehrt? Warum soll ich nicht sagen können: Mein Erkenntnisvermögen hängt von der Wirklichkeit ab! Und zwar sowohl von der Wirklichkeit des Erkenntnisvermögens als auch von der Wirklichkeit der Erkenntnisgegenstände. Diese doppelte

Abhängigkeit sei zwar wiederum erkennbar und dies auch wieder nur, weil sie existiert. Eine solche Frage ist aber nicht möglich, wenn der Fokus der Philosophie ganz auf die Fragen der mentalen Zugänglichkeit der Welt gerichtet ist, wenn man wissen will, wie Glauben, Meinen und Wissen unter dem Aspekt der Gewissheit funktionieren. In Zeiten einer ausgereiften wissenschaftlichen Methodologie, die auch mit den Mythen absoluter (Glaubens-) Gewissheit aufgeräumt hat, ist eine solche Fixierung auf den Aspekt der Gewissheit vermutlich kaum noch nachzuvollziehen. Die Suche nach einem absolut sicheren Kriterium, das es erlaubt, Wissen von Wahn, vernünftige Meinung von willkürlichen Behauptungen, Glauben und subjektive Gewissheiten von fanatischen Überzeugungen unterscheiden zu können, scheint selbst überspannt. Vor allem, wenn man sich das Ergebnis anschaut: Zwischen dem, was als Wirklichkeit anerkannt werden darf, und dem Menschen, der alles Mögliche als Wirklichkeit anerkennt, wurde ein erkenntnistheoretisches Bollwerk errichtet, das es ihm unmöglich machen sollte, einem naiven Realismus zu huldigen, der sich immer nur auf die Sinne und den Verstand beruft, dessen Aufgabe darin besteht, die empirisch gehaltvollen Erfahrungen logisch miteinander zu verknüpfen. Die Neurobiologie veränderte zwar die Beziehungsgrößen, nicht indes, gefangen in dem erstarrten Subjekt-Objekt- Schema der cartesianischen Erkenntnistheorie, das Grundproblem. Nun schien es so, dass das Gehirn, in Übereinstimmung mit Ergebnissen der Physik und Biochemie, auf molekularer Ebene „Informationen" erhält, die in nichts den phänomenalen Sinneseindrücken entsprechen, zu denen es schließlich diese „Informationen" verarbeitet. Die Idee, dass das Gehirn sich diese phänomenale Wirklichkeit nach internen Regeln konstruiert, schien unabweisbar. Der Neurobiologische Konstruktivismus war geboren, der auch vor solch absurden Konsequenzen nicht zurückschreckte, dass selbst das Untersuchungsobjekt Gehirn, dem diese Erkenntnisse ja zu verdanken sind, nur ein Teil der – vom Gehirn selbst konstruierten Wirklichkeit sei. Um dieser absurden Konsequenz zu entgehen, die das Unternehmen der Neurobiologie gefährdete, führte Gerhard Roth die noch abstrusere Unterscheidung zwischen einem realen und dem wirklichen Gehirn ein. Da selbst die Vorstellungen von Raum, Zeit, Ding und Kausalität Konstrukte seien, könnte freilich dies postulierte Gehirn an sich kein raumzeitlich vorkommendes physische Ding sein, dem irgendwie kausale Kraft zukomme. Kurz, es ist natürlich ein Unding, auch als theoretisches Postulat, da seine Unerkennbarkeit eine Überprüfung ausschließt. Jedenfalls rückte diese sonst sehr solide biologisch-medizinische Forschung, der wir viele wertvolle Erkenntnisse verdanken, das Bewusstsein und seine Wirklichkeit wieder in den Fokus der philosophischen Aufmerksamkeit. Die wahrnehmbare Wirklichkeit wurde mit den Bewusstseinsinhalten identifiziert und schien nun vollständig vom (realen) Gehirn (an sich) abhängig zu sein. Beides, Wirklichkeit und Bewusstsein hatten nun den Status von Illusionen. Die Prämissen dieses Schlusses sind sehr merkwürdig. Denn einerseits stützt er sich auf die Ergebnisse der Naturwissenschaften, die ihre theoretischen Postulate an eben dieser phänomenal gegebenen Wirklichkeit überprüfen; zum anderen ist diese empirisch zugängliche Wirklichkeit der Atome, chemischen Verbindungen, elektrischen Impulse tatsächlich nicht ohne weiteres wahrnehmbar. Die Naturwissenschaften stützen sich auf abstrakte Gegenstände, die nur der theoretischen Erkenntnis zugänglich sind, muss diese Postulate aber an der tatsächlich wahrnehmbaren Wirklichkeit überprüfen. Es wird also zwar eine abstrakte Wirklichkeit angenommen, die den konkreten Phänomenen zugrunde liegt, es wird aber doch der systematische Zusammenhang mit den Phänomenen hergestellt, denn diese gilt es ja schließlich zu erklären. Dabei ist keine Spur von unerkennbaren Entitäten und angeblich notwendigen, aber unerkennbaren Dingen an sich. Erkennbarkeit in den Naturwissenschaften bedeutet also zwar nicht sinnliche Wahrnehmung, aber diese ist unerlässlich, um einen kausalen und gesetzesartigen Zusammenhang – der selbst nicht wahrnehmbar ist – zu prüfen. Merkwürdigerweise taucht auch hier nicht explizit das Problem auf, ob und inwiefern die Wirklichkeit in ihrem Sein vom Bewusstsein abhängig sei. Aber implizit ist das wohl die

Hauptfrage. Bei Kant, Schopenhauer und einigen Neurobiologen wird etwas Drittes eingeführt – das logisch betrachtet unerkennbar, dennoch für die jeweiligen Ideen unverzichtbar zu sein scheint -, um eine radikale Abhängigkeit der Wirklichkeit vom Bewusstsein zu stützen, die so nunmehr als „sinnliche Anschauung" bzw. als „Erscheinung", als „Vorstellung" oder als „Illusion" stigmatisiert wird. In der Neurobiologie ging man indes noch weiter und deklarierte auch das Bewusstsein als Konstrukt einer zugrundeliegenden, aber unerforschlichen Entität („reales Gehirn"). Bei den genannten Positionen geht es immer um die Frage, ob unsere Wahrnehmung, unser Bewusstsein eine verlässliche Quelle des Wissens ist, ob das, was wir wahrnehmen, auch tatsächlich existiert. Und „tatsächlich" und „wirklich" hieß immer: auch unabhängig vom menschlichen Geist oder Bewusstsein. Dabei ging es nur um die wahrnehmbare Wirklichkeit, nicht um die Frage der Existenz von „Universalien" oder „abstrakten Gegenständen". Es ging im Allgemeinen auch nicht um den „Geist", sondern um den Nachweis, dass die sinnliche Welt der Wahrnehmung eine geeignete Basis für ein umfassenderes Weltverständnis abgibt. Dies Problem konnte freilich nur unter der Prämisse entstehen, dass die phänomenale Welt nicht unabhängig existiert. Denn die onto-theologische Unterstellung lautete eben, dass die Welt selbst nicht substanziell, sondern in Abhängigkeit von einem transmundanen Schöpfer existiert. Um diesen Bezug zu einer Über- und Hinterwelt auszuschließen, versteifte sich die Philosophie nach Berkeley zunehmend auf die Identifikation von Sein und Bewusstsein unter Abstrich theologischer Postulate. Das Problem, das sich hinter diesen etwas absonderlichen Fragestellungen verbirgt, die für einen aufgeklärten Menschen des 21. Jahrhunderts so schwer nachvollziehbar erscheinen, hat also etwas mit fiktiven Gegenständen zu tun. Wenn beispielsweise Legionen von Priestern, Missionaren und Theologen die Existenz Gottes postulieren und daraus seine Erkennbarkeit ableiten, dann stellt sich für einen Atheisten oder Agnostiker die Frage, wie man zu diesem Postulat gekommen sei. Durch die Betrachtung des menschlichen Alltagslebens und der Natur wohl kaum. Die historisch-religiöse Antwort lautete: durch die Offenbarung Gottes. Gott selbst hat sich den Menschen gezeigt. Also besitzen die Menschen ein spezielles Erkenntnisorgan – den Gauben -, durch das sie Gott erkennen können. Wer Gott nicht erkannte, besaß eben dies spezielle Organ nicht. Diesen Schluss betrachteten Atheisten immer schon als zirkulär, weil die Existenz Gottes vorausgesetzt wurde, obwohl doch erst die Erkenntnis Gottes (*Genitivus objectivus!*) Aufschluss über seine Existenz geben konnte. Das ist vergleichbar dem Fall, dass ich postuliere, dass eine Verschwörung der CIA den Kollaps der Twin-Towers 9/11 verursacht habe und mich als Beweis dieser These auf spezielle geheimdienstliche Erkenntnisse berufe, die nur Eingeweihten zugänglich seien. Wobei ich natürlich unterstelle, selbst zu den Eingeweihten zu gehören (obwohl diese abstrusen Verschwörungstheorien frei im Internet zirkulieren). Ohne mein Geheimwissen preiszugeben, fordere ich meine Kritiker auf, mir das Gegenteil zu beweisen. Mit dieser Argumentation kann man nicht nur jede Verschwörungstheorie rechtfertigen, sondern man könnte auch erbarmungslos die Welt mit weiteren Göttern oder göttlichen Offenbarungen überfluten. Ein fundamentaler Grundsatz jeder soliden Theorie des Wissens ist es also, dass derjenige, der eine (In-)Existenzbehauptung aufstellt, auch die Beweislasten zu tragen habe. So ergibt sich auch das Problem für denjenigen, der behauptet, dass die Welt objektiv existiert oder eben nicht existiert. Wie soll er das beweisen, wenn er immer nur auf Wissen, Erkennen, Wahrnehmen, Glauben und Meinen Bezug nehmen kann, also nur auf subjektive mentale Dispositionen? Er hat die Beweislast zu tragen. Das ist das eigentümliche Geschäft des Behauptens, Gründe liefern zu müssen.

Die erkenntnistheoretische Problemfrage ergibt sich also aus einer spezifisch „ungläubigen" Geisteshaltung, die die Existenz von Entitäten an bestimmte Kriterien der Rationalität, der Beweisbarkeit, der Nachprüfbarkeit knüpft. In einem gewissen Sinn hat die sinnliche Realität, die Welt der Erfahrung, den Platz Gottes eingenommen und muss sich seit Descartes „radikalem" Zweifel auch Zweifel an ihrer objektiven Existenz gefallen lassen. Denn von der Wirklichkeit „erfahren" wir ja auch nur dadurch, dass sie sich uns in der sinnlichen Erfahrung

„zeigt", „offenbart". Auch die Existenzbeweise der realen Welt scheinen zirkulär zu sein, denn wenn ich auf die Frage danach, woher ich wüsste, dass vor mir eine Kerze steht, antworte: „Weil ich sie sehe!", setze ich stillschweigend voraus, dass die Kerze existiert. Auf die weitere Frage, warum ich x sehe, kann ich nur antworten: weil x existiert! Wenn ich die wahrnehmungsbezogenen Zwischenschritte auslasse, lautet meine Antwort also schlicht:

- „Ich weiß, dass x, weil x." oder: „Die Proposition, dass x, ist wahr, weil x."

So antworten tatsächlich religiöse Menschen, wenn man sie danach fragt, woher sie wissen, dass Gott existiert: Weil Gott existiert. Das Existenzpostulat als Bedingung von Erkenntnis und Wissen ist also untauglich und anfällig für jeden Unsinn. In diesem Fall wird mir also die Wahrnehmung zum Problem auf dem Weg zur Erkenntnis dessen, was „ist". Ich „weiß" offenkundig schon, bevor ich noch erkenne. Die Berufung auf die Wahrnehmung oder irgendein weiteres subjektives Element wird am Ende preisgeben. Am Ende berufen wir uns auf ein Faktum, das einfach „gegeben" ist. Was ich aber tatsächlich sage, lässt ja auch den entgegengesetzten Schluss zu:

- Ich weiß, dass x, weil ich x sehe, fühle, rieche etc." bedeutet: Wenn „Ich weiß, dass x" identisch ist mit

„x" bzw. „Die Proposition, dass x, ist wahr." identisch ist mit „x", dann kann ich auch sagen:

- „„x", weil ich x wahrnehme."

Aus ein und demselben alltäglichen Satz folgen also zwei kontradiktorische Interpretationen:

- Die Wahrheit einer Aussage ist abhängig von der Wirklichkeit.

- Die Wahrheit einer Aussage ist abhängig von einer mentalen Einstellung bzw. subjektiven Fähigkeit.

Bei letzterem Satz wird nun alles auf die Seite der Wahrnehmung verschoben: die Wirklichkeit scheint ganz abhängig zu sein vom Akt des Wahrnehmens. Es scheinen also schon in alltäglichen Wahrnehmungsurteilen Antinomien zu liegen, deren Auflösung mich zu einem Realisten oder zu einem Idealisten, Konstruktivisten, Subjektivisten etc. machen. Auffällig ist, dass man diese unterschiedlichen epistemologisch-ontologischen Einstellungen gewinnt, wenn man jeweils einen Aspekt der Aussage ausblendet: entweder den Aspekt der mentalen Einstellung des Glaubens, Meinens und Wissens und den epistemischen Aspekt des Wahrnehmens; oder den Aspekt des ontologischen Bezugs. Entweder führt man alles auf ein *„factum brutum"* zurück oder alles auf die Wahrnehmung oder andere subjektive Einstellungen. Im Hintergrund liegt indes die Dichotomie oder Dualität von Subjekt und

Objekt – oder Geist und Materie – die als kontradiktorisch aufgefasst wird.

Die Formel „Ich weiß, dass x, weil ich x wahrnehme." lässt also nur deswegen beide kontradiktorischen Interpretationen zu, wenn der Interpret sich aus irgendwelchen Gründen gedrängt fühlt, eine Entscheidung zu treffen. Aus einer monistisch-holistischen Perspektive scheint dies nun ganz anders. Jedenfalls sollte man keine Entscheidung zwischen einer nur ontologischen und einer epistemologischen Position heraus treffen wollen, denn das Urteil bezieht ja beide Aspekte derart aufeinander, dass beide notwendig und erst zusammen hinreichend sind.

• Die Wahrheit einer Aussage ist sowohl abhängig von der Wirklichkeit als auch von meiner Erkenntnisfähigkeit.

Mittlerweile haben Kants und Schopenhauers „Formen der Anschauung" einige würdige Nachfolger gefunden, so beispielsweise das „Ich" Fichtes", die kognitiven „Schemata" Piagets, die „Begriffsschemata" der logischen Empiristen, die „Sprachspiele" Wittgensteins, die „Diskurse" Foucaults, die „Beschreibungen" Rortys, um nur einige zu nennen. In all diesen Fällen wird das, was ich als Wirklichkeit beurteile, radikal von Eigenschaften abhängig gemacht, die allein mir zugeschrieben werden können. Diese Abhängigkeitsverhältnisse hatten zwar je einen etwas anderen Charakter, dennoch liefen sie alle auf die gleiche paradoxe These hinaus: Wahrheit und Wirklichkeit seien subjektiv. Mit dieser philosophischen Geste sollte das Ziel objektiver Erkenntnis als subjektiver Schein stigmatisiert und unmöglich gemacht werden. Diese These ist paradox, wenn nicht absurd, denn natürlich kann ich auch gleich hier weiter fragen: Wenn diese subjektiven Eigenschaften wirklich existieren, dann gibt es sie auch objektiv. Wenn sie objektiv existieren, dann muss die These, die sich auf sie stützt, falsch sein. Doch folgt daraus noch längst nicht die Möglichkeit objektiver Erkenntnis in dem Sinn, dass wir jemals ein vollständig wahres Bild der Welt entwerfen könnten. Die These von der Subjektrelativität aller Erkenntnis könnte falsch sein, ohne dass die konträre These von der Möglichkeit objektive Erkenntnis – also die Idee, dass es nicht-subjekt-relative Erkenntnis gebe - wahr sein muss.

Diese Einsicht macht sich Gabriel zunutze, um das Abhängigkeitspostulat ganz zu verwerfen und die Inexistenz der „objektiven", so-seienden Welt zu postulieren. Existiert die Wirklichkeit unabhängig von meiner Wahrnehmung und meinem Erkennen? An dieser klassischen philosophischen Frage scheint tatsächlich manches merkwürdig. Zunächst einmal: Warum sollte es wichtig sein, diese Frage zu klären? So wird der Status der Abhängigkeit offengelassen: Welcher Art könnte diese Abhängigkeit überhaupt sein? Welche Gründe könnte man für das Bestehen oder

Nichtbestehen einer Abhängigkeit nennen? Welche Folgen hätte eine Verneinung der Frage für mein Leben, für mein Selbst- und Weltbild? Und warum fragt man nicht nach dem umgekehrten Abhängigkeitsverhältnis? Um mit der letzten Frage zu beginnen: meinem normalen Sprachgebrauch scheint es unproblematisch, dass meine Wahrnehmungen und Erkenntnisse von der Wirklichkeit abhängen. Zumindest scheint es mir sprachlich so, dass sich meine Wahrnehmungen nicht auf mein Wahrnehmen, sondern auf einen wahrgenommenen Gegenstand beziehen. Die klassische Korrespondenztheorie der Wahrheit nennt ja auch ein Beziehungsverhältnis, nämlich das der Übereinstimmung zwischen Aussage bzw. Gedanke und Sache bzw. Sachverhalt. Sie lässt es auch nicht offen, in welche Richtung die Übereinstimmung zu erfolgen hat, um ein wahres Urteil zu generieren: Der Gedanke bzw. die Aussage müssen mit der Wirklichkeit übereinstimmen. Nicht umgekehrt. Die Übereinstimmung kann also schon mal keine Gleichung sein, da ich an einer Gleichung nicht erkennen kann, welche Seite der Gleichung mit welcher übereinstimmt, da beide ja gleich sein sollen. Die Frage nach dem Abhängigkeitsverhältnis ließe sich möglicherweise genau aus dieser Irritation erklären: Wenn man voraussetzt, dass wahre Urteile in der Übereinstimmung mit wirklichen Sachverhalten bestehen, dann ist es unklar, ob wir eine symmetrische, also umkehrbare oder wechselseitige Abhängigkeit vorliegen haben oder ob sogar die Wirklichkeit von unserem Urteil abhängt. Eine andere Frage in diesem Zusammenhang lautet: Wie will man aber diese Übereinstimmung im Fall eines wahren Urteils überprüfen? Worin kann die Ähnlichkeit oder Gleichheit so verschiedenartiger Gegenstände wie Gedanken und Sachverhalte bestehen? Hier ist nur festzuhalten, dass die eingangs gestellte Frage nach dem Abhängigkeitsverhältnis mit einer bestimmten Wahrheitstheorie verknüpft ist und dass das Abhängigkeitsverhältnis zwar näher als Überein-stimmung bezeichnet wird, diese Übereinstimmung aber Probleme aufwirft. Frage ich mich weiter, welcher Art diese Abhängigkeit noch sein könnte, zögere ich. Ist es eine kausale Abhängigkeit, werden also meine Wahrnehmungen durch das Wahrgenommene verursacht? Dann könnte ich keine Halluzinationen, Träume oder Täuschungen haben. Oder ist es eine logisch-semantische Abhängigkeit, setzen meine Wahrnehmungen bzw. Wahrnehmungsurteile logisch bzw. semantisch etwas, das wahrgenommen wird, voraus? Tatsächlich setze ich ja voraus, dass das, was ich wahrnehme und das, was ich erkenne, sich auf das bezieht, was wirklich existiert. Ich weiß aber auch, dass ich mich in meiner Wahrnehmung täuschen kann. Aber die Möglichkeit der Täuschung ist sehr erhellend, denn sie setzt voraus, dass objektive Erkenntnis möglich ist.

Da ich mich wahrnehmend und erkennend auf Wirklichkeiten beziehe, kann ich diese Frage in zwei weitere umformulieren:

- Ist das, was ich wahrnehme und erkenne, die „wahre" Wirklichkeit oder gibt es „dahinter" noch eine weitere Wirklichkeit, die ich (faktisch oder grundsätzlich) nicht wahrnehmen und nicht erkennen kann?

- Angenommen, die Wirklichkeit, die ich wahrnehmen und erkennen (kann), sei tatsächlich die „wahre" Wirklichkeit – existiert sie dann unabhängig von meiner Wahrnehmung und Erkenntnis oder nicht?

Wenn man behauptet, dass die Wirklichkeit abhängig ist von unseren mentalen Einstellungen, dann muss man auch behaupten, dass die Wirklichkeit, wie sie uns erscheint, tatsächlich die einzige Wirklichkeit ist, hinter der nicht noch weitere Wirklichkeiten verborgen sind. Das Abhängigkeitspostulat impliziert also, dass alles, was existiert, nur in Hinblick auf uns existiert. Akzeptiert man diesen Schluss, dann man muss man das Subjekt der Abhängigkeit weiter differenzieren: Die Wirklichkeit ist genau das, was in Hinblick auf jeden von uns existiert. Daraus folgt, dass nicht ausgeschlossen werden kann, dass jeder von uns „in" einer anderen Wirklichkeit existiert. Es folgt hingegen nicht zwingend, dass jeder in einer anderen Wirklichkeit existiert. Denn „meine" Wirklichkeit ist zwar nicht „deine" Wirklichkeit, aber daraus folgt nicht, dass wir verschiedene Wirklichkeiten haben. So sehe ich die grüne Tasse und du siehst die grüne Tasse, beide sehe wir dasselbe; oder so bin ich der Vater von meinem Kind und du bist die Mutter von deinem Kind, aber es ist unser gemeinsames Kind. Aus der Perspektive des Kindes sind wir beide „seine" Eltern, bzw. bin ich „sein" Vater, du „seine" Mutter. Das Haben einer eigenen Perspektive schließt also Deckungsgleichheit der Perspektiven in Hinblick auf ein gemeinsames Objekt nicht aus. Es könnte sein, dass wir alle die gleiche Wirklichkeit wahrnehmen, unbeschadet der Tatsache, dass jeder „nur" seine Wahrnehmung der Wirklichkeit hat. Die empirischen Wissenschaften postulieren als Wissenschaften immer theoretische, abstrakte Gegenstände, mit denen sie die Tatsachen unserer phänomenalen Erfahrungen erklären wollen. Erklären bedeutet in diesem Zusammenhang, dass kausale, funktionale oder strukturelle Zusammenhänge, die gewissen Regularitäten oder Gesetzmäßigkeiten gehorchen, notwendig und hinreichend dafür sind, dass sich die Phänomene unserer Erfahrungswelt so und nicht anders ereignen: „Warum brennen Kerzen?", „Warum scheint die Sonne?", „Warum blute ich, wenn ich mich verletze?", „Warum sind meine Träume nicht wahr?", „Warum fliegen Flugzeuge und ich nicht?", „Warum war ich vor meiner Geburt nicht da?", "Warum fallen Gegenstände runter und nicht rauf?". Theoretische Postulate sind also Antworten auf die Warum-Fragen von Dreijährigen. Im kontrastiven Vergleich dazu kann man David Humes heroischen Versuch nennen, die Wirklichkeit der Phänomene ohne Zuhilfenahme abstrakter Gegenstände allein durch Nähe und Ähnlichkeit zu erklären. Die empirischen

Wissenschaften könnten sich also so ähnlich entwickelt haben wie sich die Sprache im Verhältnis zur Erfahrung entwickelt haben mag. Jedenfalls können wir beobachten, dass sich beispielsweise die Frage „Warum brennen Kerzen?" nicht nur auf das Phänomen einer brennenden Kerze bezieht, sondern mit dem Verb „brennen" schon ein theoretisches Konzept im Spiel ist, das Teil eines semantischen Netzes von anderen Begriffen ist: Feuer, Hitze, Wärme, Licht, Schmerzen, Verbrennen (=zerstört werden). Die Crux an theoretischen Antworten auf erfahrungsbezogene Fragen – und die Fragen von Dreijährigen beziehen sich auf das, was sie tatsächlich erfahren – besteht darin, dass der Zusammenhang zwischen beiden Dimensionen der Theorie und der Praxis erst hergestellt werden muss.

Die Annahme, dass hinter der phänomenalen Wirklichkeit, die wir erkennen können, eine andere Realität verborgen ist, die wir nicht erkennen, aber denken können – die demnach zumindest möglich ist -, ist Teil einer schwer zu widerlegenden Rhetorik. Denn schließlich basieren alle Natur-, Sozial- und psychologischen Wissenschaften genau auf diesem Prinzip: die Welt der Phänomene wird von Gesetzen beherrscht, die nicht (direkt und unmittelbar) Gegenstände dieser Erfahrungswelt sind. Der Ausweis der Realität dieser abstrakten, nicht-phänomenalen Gegenstände hängt von ihrer Erklärungskraft ab. Können wir die Tatsachen unserer Erfahrung mithilfe dieser Gesetze erklären und in einen rationalen

Zusammenhang bringen, dann halten wir diese Gesetze für wahr und das, was sie beschreiben, für wirklich. In diesem Fall sprechen wir tatsächlich von Erkenntnissen, die wir über die Wirklichkeit gewonnen haben. Ein Grundsatz der Rechtfertigung des ontologischen Postulates erfahrungs-transzendenter, abstrakter Gegenstände ist also ihr lückenloser Zusammenhang mit den Gegenständen unserer Erfahrung. Mit anderen Worten, theoretische Postulate müssen an der Realität unserer Erfahrung scheitern können. Andernfalls stellen sie nur theoretische Möglichkeiten dar, sind spekulativ und nicht überprüfbar. Ein Haupteinwand gegen dieses Modell hängt also davon ab, was wir unter Erfahrung verstehen. Markus Gabriel ist da eindeutig: jede Erfahrung ist eine wirkliche Erfahrung von etwas Wirklichem – ganz gleich, ob sie vor dem Bildschirm oder bei der Halluzination, im religiösen Transzendenz-erleben oder im prosaischen Alltag gemacht wird. Wir können nicht behaupten, dass nur das wirklich sei, was unabhängig von einem Bewusstsein existiert, wenn das Bewusstsein und all seine Inhalte ebenso wie physische Gegenstände in Raum und Zeit existieren und uns selbst die physische und psychische Wirklichkeit nur in unserem Bewusstsein erscheint. Wir müssen dann aber auch gar nicht mehr behaupten, dass die Wirklichkeit unabhängig von bewussten Personen existiert, wenn diese bewussten Personen samt ihres Bewusstseins selbst existieren. Da es eine Tatsache ist, dass wir existieren und uns bewusst auf die Wirklichkeit beziehen, sie wahrnehmen, denken, fühlen, in ihr handeln können, ist damit schon bewiesen, dass diese Wirklichkeit tatsächlich existiert. Denn jede Annahme einer Wirklichkeit hinter der dem Bewusstsein zugänglichen Wirklichkeit führt nur zu unbeweisbaren Spekulationen. Daraus folgt, dass nicht nur die Welt der Gedanken, Wahrnehmungen und Gefühle wirklich ist, sondern auch die Welt des physikalischen Universums. Denn obwohl die Gegenstände der Physik nicht unserem „Alltagsbewusstsein" zugänglich sind, so erklären sie doch genau das, was wir mit unserem „Alltags- bewusstsein" wahrnehmen und erkennen können. Denn nicht nur existieren wir selbst als Personen mit unseren Gehirnen in Raum und Zeit als physische Gegenstände, sondern auch unsere Bewusstseinsinhalte haben Kraft ihrer Intentionalität einen Bezug zu denkbaren, möglichen, wirklichen oder notwendigen Gegenständen. Streng, ohne Zuhilfenahme intersubjektiver Theorien, kann man ausgehend vom „Ich denke" so die objektive Wirklichkeit aus der subjektiven Wirklichkeit erschließen. Ich denke, also existiere nicht nur ich objektiv, sondern auch die Wirklichkeit - meiner Gedanken, Wahrnehmungen, Gefühle. Da meine mentalen Einstellungen immer einen Bezug zu irgendwelchen Gegenständen haben, existieren diese selbstverständlich auch. Was für ein Befreiungsschlag! Diese Neufassung der Meditationen von Descartes verdanken wir Markus Gabriel. „Gott" als Garantie, die Descartes noch nötig hatte, um die

Existenz der Welt sicherzustellen, ist überflüssig, denn mit meinem Fühlen, Denken und Wahrnehmen ist schon – qua Existenzpräsupposition – die Existenz meiner mentalen Dispositionen als auch ihrer Gegenstände sichergestellt. Mehr noch: Die Welt der Physik verliert ihre ideologische Hegemonie, die sie sich ja ohnehin nur aufgrund eines epistemologischen Schwindels erkauft hat. Denn die Welt existiert ja nicht ohne einen Beobachter, also nicht ohne Bewusstsein, das sie notorisch als Illusion entlarven will. Da sie dann aber selbst eine Illusion wäre, schließlich existiert sie nur im Bewusstsein der Physiker, führt sie sich selbst ad absurdum. Auch die Welt der Konstruktivisten, die die Welt aus den Diskursen, der Sprache, aus dem menschlichen Willen zur Macht oder aus „realen" Gehirnen entstehen lassen, und keine Wirklichkeit hinter dem Verblendungszusammenhang der Konstruktionen zulassen, verliert so an Boden, denn was jedem als Wirklichkeit erscheint, das ist zwangsläufig auch real. Hatten alle anderen Philosophen vor Gabriel diese genial einfache Einsicht nicht gehabt? Schien sie ihnen vielleicht zu banal, um philosophisch tragfähig zu sein? Nun ist Banalität kein Argument gegen die Wahrheit, im Gegenteil, sie liegt ja auf der Straße, wie Blaise Pascal anmerkt. Mit Gabriels philosophischer Erkenntnis ist eine Zäsur gesetzt, hinter die es kein Zurück mehr gibt. Alle epistemologischen und ontologischen Dispute der letzten Jahrtausende können getrost als endlich historisch verbucht werden. Endlich ist der Skandal der Philosophie, über den noch Kant stöhnte, dass die Existenz der Außenwelt noch nicht bewiesen sei, aus der Welt, endlich ist der leidige Dualismus von Anaxagoras über Descartes und Kant bis Gerhard Roth vom Tisch, der uns zwang, die Welt zweigeteilt zu denken, vom Tisch. Wenn ich existiere, existieren auch alle meine Wahrnehmungen und Gedanken. Da meine Wahrnehmungen und Gedanken sich auf etwas beziehen, existiert dieses Etwas auch. Also ist es nicht mehr notwendig, eine scheinbar unüberwindliche Mauer zwischen dem Geist und der Welt aufzurichten, zwischen der Sprache und der Wirklichkeit, auf die sie sich bezieht, zwischen dem Bewusstsein und der physischen Welt, zwischen den Weltbildern und der Welt. Dennoch macht mich eine Einschränkung stutzig, die Gabriel bezüglich der Wirklichkeit macht. Sie käme nicht in der Welt vor, denn die Welt existiere nicht. Stattdessen existieren Sinnfelder, in denen die Wirklichkeit erscheint. Fast bin ich geneigt, der Erzählung Gabriels, die ich auf den letzten Satz rekonstruiert habe, zuzustimmen, wenn diese Einschränkung nicht wäre. Sie hängt damit zusammen, dass das Abhängigkeitspostulat überflüssig geworden sei.

Es geht nicht mehr darum, die Unabhängigkeit der Wirklichkeit, der Welt, der Natur oder der Realität vom menschlichen Bewusstsein, Geist oder vom menschlichen Erkenntnisvermögen sicherzustellen. Das sei das Problem des alten Realismus. Wenn es nicht mehr darum geht, kann man entweder annehmen, das Problem wurde von Gabriel tatsächlich gelöst oder es sei aus einer neuen Perspektive unerheblich, da das Problem sich nur aus der falschen Annahme des „alten" Realismus ergeben habe, dass wir die Welt genauso erkennen können, wie sie unabhängig von unseren Überzeugungen besteht. In dieser Idee liege schon, so Gabriel, der größte Irrtum. Wäre die Welt unabhängig von unseren Gedanken über sie, dann könnten wir sie nicht erkennen. Gabriel behauptet also nicht nur, dass die Unabhängigkeitsthese nicht mehr sichergestellt, also bewiesen werden müsse – Kant noch betrachtete als Skandal der Philosophie, dass die „Außenwelt" nicht beweisbar sei -, sondern er legt es nahe, dass diese These falsch ist. Ich betrachte also Gabriels Grundüberlegungen nochmals:

Argument gegen den wissenschaftlichen Realismus

1.   Geistige Phänomene sind genauso real wie physische Phänomene.

2.   Die Realität besteht nicht nur aus physischen Phänomenen.

3.   Also umfasst die Realität sowohl geistige als auch physische Phänomene.

4.   Die geistige Realität lässt sich nicht auf die physische reduzieren.

Daraus ergeben sich für Gabriel zunächst zwei Konsequenzen:

5.   Die These, dass die Wirklichkeit unabhängig von einem Erkenntnissubjekt existiert, ist falsch, denn auf eine von unseren Überzeugungen unabhängige Welt könnten sich unsere Überzeugungen nicht beziehen; und das Bewusstsein existiert nicht bewusstseinsunabhängig.

6.   Die klassische realistische Erkenntnistheorie und Ontologie sind falsch, da sie die Wirklichkeit unabhängig vom Geist konzeptualisiert hat.

Argument gegen den subjekt-relativen Konstruktivismus

7.   Die Realität besteht nicht nur aus geistigen Phänomenen.

8.   Die Realität umfasst sowohl geistige als auch physische Phänomene.

9.   Die physische Realität lässt sich nicht auf die geistige reduzieren.

Daraus ergeben sich für Gabriel zunächst zwei Konsequenzen:

10.   Die These, dass die Wirklichkeit abhängig von einem Erkenntnissubjekt ist, ist falsch.

11. Die klassische konstruktivistische Erkenntnistheorie und Ontologie sind falsch, da sie die Wirklichkeit abhängig vom Geist konzeptualisiert haben.

Argument für einen „Neuen Realismus"

12. Wenn sowohl physische als auch geistige Phänomene existieren, dann ist sowohl der wissenschaftliche Realismus als auch der subjekt-relative Konstruktivismus falsch.

13. Wenn beide Positionen falsch sind, dann ist es auch falsch anzunehmen, dass die Wirklichkeit entweder unabhängig oder abhängig von einem Erkenntnissubjekt existiert.

14. Eher kann man sagen, dass Welt und Subjekt weder abhängig noch unabhängig voneinander sind. Daraus folgt:

15. Das epistemologische und ontologische Problem des Realismus besteht nicht in der Frage der Abhängigkeit bzw. Unabhängigkeit des Subjekts vom Objekt oder umgekehrt des Objekts vom Subjekt.

16. Die Subjekt-Objekt-Dichotomie ist falsch.

Daraus leitet der Gabriel weitere Konsequenzen ab:

Als wirklich gilt, was existiert. Alles, was existiert, existiert irgendwo. Nur das Nichts existiert nicht, da es nirgendwo existiert. Was wirklich ist, muss nicht erst als wirklich seiend beweisen, erschlossen oder konstruiert werden, denn alles ist jederzeit wirklich, insofern alles existiert, da nichts nicht existiert. Es existiert keine Wirklichkeit hinter der Wirklichkeit, die als wirklich erscheint. Sein und Erscheinen sind identisch. Die erscheinende Wirklichkeit ist die ganze und vollständige Wirklichkeit „an sich", da es nicht außerdem noch eine weitere Wirklichkeit gibt. Alles, was existiert, erscheint nur in Sinnzusammenhängen. Es existieren keine Sinnzusammenhänge, die die eine, ganze, vollständige Wirklichkeit als eine in sich zusammenhängende Welt definieren. Da allumgreifende Sinnzusammenhänge nicht existieren, sind sie das Nichts. Mithin ist die Welt das Nichts. Das Nichts existiert nicht. Die Wirklichkeit erscheint abhängig von Wirklichkeitsbereichen, die von einem Sinnzusammenhang definiert werden. Da die Wirklichkeit nur abhängig von Sinnbereichen erscheint, existiert die Wirklichkeit auch nur in diesen Sinnbereichen, die kein Sinnzusammenhang verbindet. Eine ganze, vollständige Wirklichkeit existiert nicht, da sie nicht in einem Sinnfeld existiert. Das Postulat einer Wirklichkeit im Rahmen der Subjekt-Objekt-Dichotomie ist falsch, aber auch die entgegengesetzte These einer umfassenden Welt jenseits der Subjekt-Objekt-Dichotomie ist ebenfalls falsch. Wirklichkeit ist, was als Wirklichkeit erscheint. Diese Wirklichkeit lässt sich weder ontologisch noch epistemologisch in ihrer Totalität verstehen oder beschreiben. Eine sinnvolle Beschreibung der Wirklichkeit gibt es nur in den Sinnprovinzen, die dem Menschen zugänglich sind, wobei es offengelassen wird, ob diese Sinnfelder Konstrukte oder natürliche Entitäten sind.

Eine Wirklichkeit jenseits der jeweils aktuellen Sinnfelder existiert nicht. Da den Steinzeitmenschen nur bestimmte Sinnfelder „möglich" waren, existierten damals auch keine anderen Wirklichkeiten. Die Evolutionstheorie, die heute die bio-kulturelle Ko-Evolution des Menschen erklären kann, gab es damals ebenso wenig wie die Evolution oder den Urknall, die Atome oder die physischen Grundkräfte, da diese ja auch nur im Sinnfeld der Physik existieren. Es gab damals natürlich auch keine Sinnfeldtheorie und folglich keine Sinnfelder.

Gabriel akzeptiert also bedingt – abzüglich der Präsupposition eines unerkennbaren „Dings an sich" oder der Unterstellung, es gäbe nur menschliche Artefakte - Kants kopernikanische Wende, er akzeptiert den Idealismus und Konstruktivismus, aber nur insofern er vom Bewusstsein oder Geist her argumentiert und dem Subjektiven objektive Wirklichkeit zuschreibt. Er macht aber die sprachphilosophische Wende ebenso wenig mit wie die neurobiologische. Für erstere legen unsere „Sprachspiele" oder „Sprechakte" oder unsere natürlichen „Sprachsysteme" fest, wie wir die Welt, die Wirklichkeit, die Natur etc. beschreiben, kartographieren, kategorisieren. Da wir uns nur sprechend oder jedenfalls Symbole verwendend „auf die Welt beziehen" können, tun wir dies also immer schon in dem Rahmen, den uns unsere Symbole und Sprachen erlauben. Ob hinter der Sprache eine Realität existiert, die unabhängig von unserer Beschreibung, von unseren Diskursen entdeckt werden könnte, werden wir zumindest niemals aussagen können. Wenn wir zudem noch annehmen, dass auch unser Denken durch unseren Symbolgebrauch geprägt ist, werden wir es auch niemals wissen oder denken können. Also wäre die Annahme einer Realität unabhängig von unserer Sprach- und Diskurspraxis nicht überprüfbar und mithin nicht wahrheitsfähig, sondern eine Frage des ästhetischen Geschmacks. Aus neurobiologischer Sicht sind unser Bewusstsein, unser Geist und unser Erkenntnisvermögen Konstrukte eines realen, aber für uns nicht erkennbaren Gehirns, das nicht nur das Bewusstsein hervorbringt, sondern auch die ihm erscheinende Wirklichkeit. Diese, von Gerhard Roth vertretene, Position ist natürlich logisch widersinnig, da diese Schlussfolgerungen auf empirischen Unter-suchungen am realen Gehirn basieren, das aber der Erkenntnis unzugänglich sein soll. Das Gehirn, so wie es den Neurobiologen zugänglich ist, ist natürlich ein wirkliches Organ eines wirklichen Menschen, der in Raum und Zeit existiert, mithin ein Teil derjenigen Wirklichkeit, die vorgeblich von einem Gehirn konstruiert wird, das seine merkwürdigen Eigenschaften, jenseits von Raum, Zeit und Kausalität zu „existieren", mit Kants „Ding an sich" teilt.

Gabriel akzeptiert also die These, dass die ontologische und epistemologische Unabhängigkeit der Wirklichkeit von einem menschlichen Erkenntnissubjekt nicht sichergestellt werden kann - im Rahmen eines epistemologischen Konstruktivismus. Die ontologische Unabhängigkeit bedeutet, dass es auch dann bestimmte Sachverhalte und Tatsachen gibt, wenn sie von keinem menschlichen Bewusstsein zur Kenntnis genommen werden. Wir können solche Tatsachen zwar nur dann behaupten, wenn wir Bewusstsein von ihnen erlangen, bis dahin aber existieren sie „in der Welt", nur eben nicht „in" unserem Bewusstsein. Wenn Gabriel die Unabhängigkeit der Wirklichkeit vom menschlichen Bewusstsein bestreitet bzw. behauptet, dass diese Unabhängigkeit nicht sichergestellt werden müsse, dann behauptet er, dass die Abhängigkeit der Wirklichkeit vom Bewusstsein kein Problem (mehr) darstellt. Aber das ist sicherlich nichtzutreffend, da es genau die philosophischen Alternativen sind, vor die uns dies Problem stellt, nämlich der metaphysische Realismus, der eine objektive Realität behauptet, deren Erkennbarkeit er nicht beweisen kann, und der Konstruktivismus (oder andere Formen einer subjektrelativen Ontologie), der die Objektivität der Welt bestreitet. Wenn das Problem nur zwei offenkundig unbefriedigende Lösungen erlaubt, ist es, so hat man den Eindruck, besser, das Problem ganz neu zu formulieren. Die Welt, wie sie den Konstruktivisten, Relativisten und Subjektivisten, die gemeinhin als Anti-

Realisten tituliert werden, erscheint, ist tatsächlich die objektive Realität. Allerdings kann man dann nicht mehr von einer Welt sprechen, sondern muss von vielen, vielleicht sogar unendlich vielen Wirklichkeiten ausgehen. Aber meines Erachtens kann man das Problem auch noch anders sehen.

Natürlich besteht eine epistemologische Abhängigkeit der Welt von einem Subjekt, weil es eine erkannte Welt ohne ein erkennendes Wesen nicht geben kann. Aber es besteht keine ontologische Abhängigkeit, weil dann das Erkenntnissubjekt sich auf nichts beziehen könnte, nichts erkennen könnte.

Diese These ist aber essenziell für den Realismus: Die Welt existiert ontologisch unabhängig von Meinungen, Ansichten, mentalen Einstellungen. Das Abhängigkeits-verhältnis ist also einseitig: Die menschlichen Erkenntnissubjekte sind partiell in ihren mentalen Einstellungen und vollständig in ihrem Sein abhängig von der Wirklichkeit, Welt, der Natur. Diese wiederum ist ontologisch unabhängig von mentalen Einstellungen. Einzig in epistemologischer Hinsicht kann man zugestehen, dass eine zutreffend oder vermeintlich wahrgenommene, geglaubte, gemeinte, erkannte Wirklichkeit abhängig von mentalen Einstellungen ist. Aber ohne das ontologische Korrektiv hätten wir keine Möglichkeiten, unsere irrigen Bezugnahmen zu korrigieren.

Es ist also schon bemerkenswert, mit welcher Ignoranz Gabriel hier philosophische Fragen als Probleme eines „alten" Realismus abtut, die der „Neue Realismus" angeblich nicht mehr hat. Er hätte sie womöglich tatsächlich nicht, wenn er sie gelöst hätte. Aber diese Probleme des Realismus werden nicht gelöst, sondern einfach ad acta gelegt: es „geht nicht mehr darum". Aber tatsächlich wird man die Probleme auf diese Weise nicht los. Für wen und warum „geht es nicht mehr darum"? Das ist einfach eine Strategie des Themenwechsels, das nichts zur Klärung beiträgt. Bestätigt wird meine Skepsis durch zwei schwache Stützargumente, die die ganze Diskussion der Unabhängigkeits-These der Lächerlichkeit preisgeben sollen: 1. Wäre die Wirklichkeit unabhängig von unseren Überzeugungen, dann hätten unsere Überzeugungen auch nichts mehr mit der Wirklichkeit zu tun.

2. Die Unabhängigkeits-These lässt sich nicht ohne Widerspruch auf das Bewusstsein beziehen: Da das Bewusstsein nicht bewusstseinsunabhängig ist, folgt aus der Unabhängigkeitsthese ein Anti-Realismus bezüglich des Bewusstseins. Beide Einwende sind nicht nur schwach, sondern auch falsch.

Ad 1. Gabriel unterstellt absolute, wechselseitige, sowohl ontologische als auch epistemologische Unabhängigkeit. Eine solch absurde These wird aber auch vom „alten" Realismus nicht vertreten. Geht man davon aus, dass die „Wirklichkeit" erkennbar ist, dann muss man argumentativ sicherstellen, dass eine Wirklichkeit unabhängig von meiner aktuellen Meinung, Überzeugung etc. existiert – sonst gäbe es kein Objekt der Erkenntnis. Und man muss sicherstellen, dass mein Erkenntnisvermögen hinreichend ist, diese Wirklichkeit zu erkennen. Die realistische Unabhängigkeitsthese schließt eine bestimmte, einseitige Abhängigkeit mit ein. Nur dann, wenn die Wirklichkeit unabhängig von unseren Überzeugungen ist, aber unsere Überzeugungen nicht unabhängig von der Wirklichkeit, können wir überhaupt wahrheitsfähige Überzeugungen bilden. Überzeugungen haben also nur genau dann einen Sinn, wenn sie eben abhängig von der Wirklichkeit sind, die ihrerseits in ihrem Sein und Vorhandensein nicht von ihnen abhängt.

Ad. 2 Wäre die Existenz des Bewusstseins von keinem Bewusstsein abhängig, dann würde das Bewusstsein nur dann existieren, wenn wir uns dessen nicht bewusst wären. Dieser Einwand ist natürlich falsch, auch hier vermengt Gabriel wieder eine ontologische Fragestellung mit einer epistemologischen, da die Existenz von Bewusstsein ontologisch von keinem Bewusstsein abhängig sein kann. Dass es Bewusstsein überhaupt gibt, hängt nicht davon ab, dass es Bewusstsein gibt – das wäre eine zirkuläre Aussage. Außerdem gibt es kein „leeres" Bewusstsein, sondern immer nur ein Bewusstsein von etwas. Epistemologisch jedoch scheint es richtig, dass Bewusstsein als Selbstbewusstsein von sich selbst abhängt. Mein

Bewusstsein existiert also nicht kraft meines Bewusstseins, aber als Selbstbewusstsein ist es epistemologisch von sich abhängig. Ergänzend sei darauf hingewiesen, dass die Unabhängigkeitsthese gerade bezüglich des Bewusstseins für ein Verständnis seiner Strukturen und Funktionen unerlässlich ist, denn immerhin haben wir unterschiedliche Konzepte vom Bewusstsein. Am wirkungsmächtigsten bisher waren religiöse oder spirituelle Konzepte, die das Bewusstsein in verschiedenen Formen – Geist, Seele, Denken - als etwas Transzendentes oder Supranatürliches auffassten. Heute dominieren eher funktionalistische oder materialistische Konzepte, die Bewusstseins-prozesse in ein umfassenderes naturalistisches Konzept einbetten wollen. Wäre es tatsächlich ontologisch „von sich selbst" abhängig, hätten wir keine Chance herauszufinden, welches Konzept zutreffen könnte. Gabriels These von der Unanwendbarkeit der Unabhängigkeitsdoktrin des alten Realismus auf das Bewusstsein lässt dieses Problem, das einen Großteil der modernen Philosophie des Geistes ausmacht, natürlich obsolet erscheinen. Aber auch hier sind seine steilen Thesen wenig hilfreich. Man sieht Gabriels Strategie auch deutlich in dem Vorwurf gegen „alte" realistische Positionen, dass sie das 2. Problem durch eine willkürliche Nominaldefinition selbst verursacht haben. Dabei unterstellt Gabriel, dass seine Interpretation der Anwendung der Unabhängigkeitsthese auf das Bewusstsein tatsächlich korrekt ist. Wie oben gezeigt, folgt aber keineswegs ein „Antirealismus" aus dem Kriterium der Unabhängigkeit. Und tatsächlich bedient er sich selbst ziemlich leichtfertig des Verfahrens, das er kritisiert, denn auch seine „Sinnfeldontologie" ist eine Nominaldefinition des Realismus.

Nun setzt Gabriel im Folgenden das einzig relevante Zugeständnis, dass wir eine vom Geist und seinen diskursiven Praktiken unabhängige Wirklichkeit annehmen „sollten", verschämt wie eine nachgeschobene Selbstverständlichkeit in Klammern, als wäre das nicht genau das Problem, das er auf der vorigen Seite marginalisiert hat. Seiner Auffassung nach, die er im Folgenden expliziert, besteht das Problem des „alten" Realismus in einer Ausbürgerung des Geistes aus dem Bereich der Wirklichkeit. Durch die Anerkennung des Geistes und seiner diskursiven Praktiken als Wirklichkeit erst würde sich das Problem der Geistunabhängigkeit der Wirklichkeit von selbst erledigen. Die Pointe seiner Argumentation besteht also in dem Schluss, dass der „alte" Realismus von vornherein den Geist ausgeschlossen hat und daher vor einem unlösbaren oder paradoxen Problem stand. Gewährt man dem Geist Einlass ins Reich des Wirklichen, kann deren Geistunabhängigkeit nicht mehr sinnvoll behauptet werden. Daher „geht es auch nicht mehr darum". Das ist aber ein Trugschluss. Denn die Wirklichkeit des Geistes hängt von der Wirklichkeit ab, nicht vom Geist. Das Faktum des Denkens und Bewusstseins lässt sich nicht unter Rekurs auf das

Denken und das Bewusstsein allein als wirklich konstituieren, weil diese Inhalte haben, die wahr oder falsch sein können. Ein Bewusstsein unseres Bewusstseins – das Selbstbewusstsein – ist ebenso irrtumsfähig wie andere Inhalte unseres Bewusstseins auch. Daher müssen wir annehmen, dass unser Bewusstsein auch unabhängig von unserem Bewusstsein existiert. Wenn wir völlig in die Betrachtung einer Wahrnehmungsszene vertieft sind, dann sind wir uns nicht bewusst, in eine Wahrnehmungsszene vertieft zu sein, sondern wir nehmen einfach etwas Bestimmtes wahr. Unser Denken und unser Bewusstsein existieren unabhängig davon, ob wir uns dessen bewusst sind oder darüber nachdenken. Das „Ich denke" muss zwar all unsere Vorstellungen begleiten können, wie Kant sagt; aber faktisch ist das nur ausnahmsweise der Fall. Wenn wir Zeuge eines Autounfalls werden, dann machen wir uns nicht bewusst, dass der Autounfall unserem Bewusstsein erscheint. Sondern wir nehmen ihn wahr und reagieren auf ihn, indem wir gleichzeitig Gefühle, Gedanken und Handlungsimpulse als kausale Wirkung in uns registrieren und vielleicht auf die eine oder andere Art handeln. Was wir erleben, beschreiben wir als Realität, nicht als Bewusstseinsinhalt. In Ausnahmefällen, wenn das, was wir erleben, wahrnehmen, denken, erkennen, fühlen etc., nicht der Wirklichkeit entspricht, wenn wir von den Tatsachen widerlegt werden, beziehen wir uns auf unser Bewusstsein, machen uns klar, dass die Quelle unserer

Irrtümer nicht in der Wirklichkeit, sondern in unserer Repräsentation von ihr liegen. Erst dann nehmen wir bewusst wahr, dass wir eine (falsche) Repräsentation von der Wirklichkeit haben. Wir sind uns immer irgendwelcher Gegenstände bewusst – niemals des reinen Bewusstseins – und denken über diese Inhalte oftmals Falsches. Alles, was uns als wirklich erscheint, erscheint uns zwar als Inhalt unseres Bewusstseins, aber wir müssen uns dessen nicht bewusst sein, damit es uns erscheint. Im Gegenteil, die Rede vom Erscheinen setzt schon einen Bruch in unserem Vertrauen in die Wirklichkeit voraus. Nur wurden wir von der Wirklichkeit unseres Geistes in die Irre geführt. Würden wir diesen Schein schon mit dem Wirklichen gleichsetzen, gäbe es kein Korrektiv, das uns die Einsicht in einen Irrtum ermöglichte. Es ist schon erstaunlich, wie es Gabriel gelingt, auf zwei Seiten zu behaupten, die These von der Unabhängigkeit der Wirklichkeit vom Geist – die Hauptthese eines jeden philosophischen Realismus – führe in Paradoxien (Überzeugungen hätten nichts mehr mit der Wirklichkeit zu tun und das Mentale würde nicht existieren) und sie sei gleichzeitig etwas, was wir „nicht bestreiten sollten"! Wie passt das zusammen? Offenkundig passt es nicht zusammen. Natürlich denkt Gabriel sich etwas dabei. Würde er nämlich der These von der Abhängigkeit der Wirklichkeit vom Geist beipflichten, dann könnte er nicht die These von der Wirklichkeit des Geistes aufstellen. Denn letztere würde in einen infiniten Regress eines sich selbst bespiegelnden Geistes führen, der niemals auf seine Wirklichkeit stieße. Nun will Gabriel aber seine steile These von der Inexistenz der Welt und seine „neue" Sinnfeld-Ontologie argumentativ weiträumig verankern. Dafür ist es notwendig, sich des lästigen Problems einer nicht subjekt-relativen, objektiven Wirklichkeit zu entledigen, ohne der konträren Position einer „nur" subjekt-relativen Wirklichkeit zu verfallen. Die Lösung kann aber nicht darin bestehen, einfach einen Widerspruch zu behaupten. Zugleich muss er die Unabhängigkeit der Wirklichkeit vom Geist aber (eben in Klammern) wieder einführen, weil sonst seine These von der Wirklichkeit des Geistes unplausibel wäre. Offenbar steckt Gabriel in einem Dilemma. Das Problem, mit dem er ringt, hängt eng mit der Hegemonie der Naturwissenschaften zusammen, in deren Theorieformen das Bewusstseins- und Qualia-Problem nicht angemessen formuliert werden können.

Die Selbstverständlichkeit der Welt

Der Gefahr von gewaltsam interpretierten Welt- und Selbstkonzepten kann man nicht entgehen, indem man die Existenz der Welt schlicht leugnet und die Wirklichkeit in geschlossene Sinnfelder parzelliert, in denen sie je nach anderen Gesetzen und Eigenmächtigkeiten erscheint. In Gabriels Konzeption gibt es keine allen gemeinsame Welt, die als Korrektiv für überspannte Sinnfeldermächtigungen argumentativ ins Feld geführt werden könnte. Gabriel gibt nicht an, wie viele Sinnfelder es gibt oder geben kann oder muss. Er sagt nur, dass es keinen Sinnzusammenhang, keine Universalität gibt, die alle Sinnfelder miteinander verbindet. Das kann aber paradoxerweise gerade den unerwünschten Effekt haben, dass die Sinnfelder im wahrhaft blinden Eifer miteinander konkurrieren und einander den Einfluss aufeinander streitig machen. Es gibt dabei keine Prinzipien der Rationalität, der Vernünftigkeit, der Objektivität, oder der Humanität, der Wahrheit, kurz, der Universalität, an die sie sich halten müssten. Sinnlücken werden gewöhnlich gefüllt, die Lücken im Weltsinn werden sehr schnell gefüllt, meist mit Unsinn. Es steht zu befürchten, dass der blinde Fleck bei Gabriel – es gibt keine Weltbilder, denn es gibt keine Welt! – sich fürchterlich rächen wird. Denn diese nonchalant behauptete These ist abgrundtief falsch. Es gibt nicht nur zahlreiche Weltbilder, es gibt auch keinen einzigen Menschen ohne ein Weltbild. Selbst Gabriel verficht eines, eben das der unendlich vielen Sinnfelder, die keinen gemeinsamen Sinn haben und daher auch keine gemeinsame Welt bilden. Wie er aber den künftigen Gestus des Feldherren vorspielt, wünscht man sich möglichst wenig Nachkommen für das Gabriel'sche „Sinnfeld". Womit könnte sich seine Theorie rächen? Mit einer verstärkten Renaissance der konkurrierenden Weltbilder. Denn Gabriel behauptet ja nur, das Ganze habe keinen „Sinn" und existiere daher auch nicht als ein Ganzes. Darauf reagieren Sinnfeldbewahrer sehr allergisch, meist mit weiteren Expansionsbestrebungen – um das Gegenteil zu beweisen. Da sie von Gabriel zusätzlich die Legitimation haben, sich nicht um Rationalität-Standards kümmern oder gemeinsame erfahrungswissenschaftliche Prinzipien beachten zu müssen, tritt er naiver Weise eine verschärfte Konkurrenz um die Deutungshoheit – der Welt los. So kann man im Sinnfeld der Religion oder der Politik unbeschadet um andere Sinnfelder – wie Moral oder Wissenschaft – expansive oder imperialistische Strategien entwickeln, die sich auf die Sinnfeldtheorie berufen können. Dem sehr entgegen kommt Gabriels eigene Argumentationsstrategie, die sowohl Logik, Erfahrung als auch Weitblick und Vernunft vermissen lässt. Seine steilen Thesen von der Inexistenz der Welt und der alleinigen Realität von unendlich vielen Sinnfeldern leisten dem Realismus keinen guten Dienst. Ich kann mir auch nicht vorstellen, dass in dem Kreis, dem er sich selbst zugesellt, seine Ideen auf viel Gegenliebe stoßen. Am Ende sind Gabriels „Sinnfelder" eine hübsche Metapher für die Kultivierungs- und Urbanisierungsleistung des Menschen, der das Feld des Seins beackert und bestellt, aber nur partiell – eben auf einigen Parzellen oder Feldern – genießbare Früchte des Feldes gewinnt. Sinnfelder sind begriffslogisch Gebiete, denen der Mensch Sinn abgewinnen oder geben konnte. Es ist keine Spur in diesem Konzept von einem Realismus erkennbar, der willkürlichem spekulativem Wildwuchs Einhalt gebieten könnte. Das Homo-Mensura-Prinzip des griechischen Sophisten Protagoras, gegen den Platon seinen Realismus als Universalismus ins Rennen führte, ist auch bei Gabriel noch herrschend. Eine Kritik an der herrschenden Ideologie der Zeit sieht anders aus. Der „Neue Realismus" ist nicht realistisch genug, er bleibt auf halber Strecke stehen. Anstatt zu zeigen, dass die naturwissenschaftliche Konzeption der Welt „so gut wie sicher falsch ist" (Thomas Nagel), anstatt zu zeigen, dass der neurobiologische Konstruktivismus und der Konstruktivismus der KI-Forschung falsch sind, weil sie die Welt falsch abbilden, versteigt sich Gabriel zu dem Coup, das Kind mit dem Bade auszuschütten. Das ist tatsächlich eine Kamikaze-Strategie, die jeder kritischen Auseinandersetzung mit falschen Weltbildern den Lebensnerv abschneidet. Gerade die beiläufige und scheinlogisch daherkommende These, es gäbe keine Weltbilder – das ist der eigentliche Affront. Und sie verrät seine verletzbare Stelle, seine Achilles-Ferse, denn wogegen wendet Gabriel sich eigentlich? Gegen anmaßende Welterklärungsmodelle, gegen Weltbilder.

Die Existenz des Gegners einfach zu bestreitet, ist nicht wirklich hilfreich. Denn das ist nicht nur eine Frage des Stils, sondern auch des Denkens. Gabriels Textstrategien sind ohnehin sehr merkwürdig. Die Bemerkung, es gäbe keine Weltbilder, weil es keine Welt gibt, ist nicht nur falsch, die Begründung nicht nur zweifelhaft, sondern die These enthält auch einen Widerspruch zu seiner Gesamtkonzeption, zu Gabriels Weltbild. Aber tatsächlich wirft sie auch ein bezeichnendes Licht auf die Sinnfeldontologie. Denn es handelt sich ja um eine negative Existenzaussage, die sich laut Gabriel ja auf einen bestimmten Bereich beziehen muss, um wahr sein zu können. In welchem Sinnfeld gibt es denn keine Weltbilder? Mir fällt auf Anhieb keines ein. Abgesehen davon akzeptiert Gabriel alle Bilder, Fiktionen, Imaginationen, Illusionen, die nichts abbilden. Warum behauptet er dann, es gäbe keine Weltbilder? Ebenso Gabriels Verhältnis zum metaphysischen Realismus, der behauptet, es gäbe eine bewusstseinsunabhängige Realität. Nachdem Gabriel im Vorwort zu der vom ihm herausgegeben Anthologie zum „Neuen Realismus" mit einigen Federstrichen die Unhaltbarkeit dieser Position für erwiesen erklärt hat, führt er in Parenthese die Bewusstseinsunabhängigkeit der Wirklichkeit wieder ein. In der Tat und in Klammern. Als eine moralische Selbstverständlichkeit: „(was man in der Tat nicht bestreiten sollte)"!

Grosso modo

Der metaphysische Realismus hat zwischen Platon und Wittgenstein eine merkwürdige Wandlung durchgemacht. War für Platon die Welt der Erfahrung lediglich ein Schattenreich, eine Welt des Scheins, die die wahre Natur der Dinge eher verschleiert als offenbart, so war für Wittgenstein die Gesamtheit der (Erfahrungs-) Tatsachen die ganze Wirklichkeit, die wahre Welt. Und obwohl schon Wittgenstein in einer Nebenbemerkung des Tractatus einen einzigen, oder gar überhaupt einen Zusammenhang zwischen den Tatsachen, die insgesamt die Welt bilden, bestreitet, legt erst Markus Gabriel den Finger in die ontologische Wunde, indem er behauptet, dass es einen einzigen globalen Sinnzusammenhang nicht gebe und mithin auch die Berechtigung wegfalle, von der einen Welt − quasi dem Super-Sinnfeld - zu sprechen. Die Behauptung Markus Gabriels ignoriert aber, dass Sinnfelder erst durch die schöpferischen und interpretierenden Tätigkeiten des Menschen entstehen. Sie genießen den gleichen Anspruch auf Existenz wie alle deklarativen, konventionellen Entitäten, also Staaten, Regierungen, Geld, Sprachen, Universitäten etc. Und da wir nichts aus dem Nichts erschaffen, sondern auf ein Sein vor allem Sinn zurückgreifen müssen, um Sinn und Sinnfelder zu schaffen, können wir diese auch nicht als absolute Erkenntnisgrenzen postulieren, geschweige denn es Existenzbedingungen für alles, was es gibt. Die Philosophie ist das Arbeitsgebiet des menschlichen

Geistes, dem es um die Zusammenführung, Vernetzung zunächst disparater Bereiche geht. So sind durch den lebenspraktischen Ordnungssinn und die Arbeitsteilung unser Wissen und Können in verschiedene Sparten unterteilt. Philosophie knüpft Zusammenhänge quer zu praktischen Segmentierungen; sie sprengt die etablierten Sinnfelder, sucht nach Verbindungen, Zusammenhängen, wo zunächst nichts zu sein scheint. Damit ist nicht die Behauptung verbunden, es müsse ein Großes und Ganzes als sinnvolle Einheit geben, die man nur erkennen müsse, um die Wahrheit über schlichtweg alles zu kennen. Das wäre Hybris. Aber es gehört zum menschlichen Wissensstreben zumindest die Vermutung, dass alles zusammen einen Sinn-zusammenhang bildet. Dahinter steht unser menschliches Verlangen nach der Verständlichkeit des Seins. Bedeutsamer jedoch ist die Feststellung, dass die eine Welt unabhängig von Sinn und Bedeutung wirklich ist. Die Begriffe „Welt" und „Sein" sind zwar erst im Rahmen unserer epistemischen und semantischen Bezugnahmen möglich und es gibt auch kein Denotat, das ihnen entspräche, das man herausbrächte, wenn man diese Begriffe expliziert. Das liegt aber nur daran, dass die Wirklichkeit der Welt und des Seins als unendliche Totalität niemals eindeutig mit einem Sinn oder einer Bedeutung korrespondiert. Diese Einsicht des metaphysischen Nihilismus in die – pathetisch formuliert – Absurdität des Großen und Ganzen führt nicht zum Postulat der Inexistenz der Welt, sondern überraschenderweise zur metaphysischen Unverbindlichkeit von präskriptiver Moral, Rationalität und allen Weltbeschreibungen, kurz, zur Erkenntnis unserer Freiheit.

Sinn und Bedeutung sind nur in mindestens zweistelligen Relationen darstellbar – x bedeutet y -, die gesamte Wirklichkeit lässt sich aber nicht im Rahmen einer zweistelligen Relation darstellen. Auch normative Ideen lassen sich nur relational darstellen – x soll y sein -, was ebenso wenig im Fall der Welt funktioniert. Das Welt-Konzept ermöglicht uns also überhaupt erst einen Einblick in unsere Freiheit, die ja kein physischer, sondern metaphysischer Begriff ist. Aus dieser Freiheit heraus schaffen wir Welt- und Selbstbilder, machen wir Selbst- und Weltentwürfe, entwickeln kulturell-symbolische Institutionen und Riten, innerhalb derer wir Sinn und Bedeutung hervorbringen, unter anderem eben auch die Gabriel'schen Sinnfelder: historisch gewachsene, entstehende, lebendige, sterbende und sich vereinigende Oasen des Sinns in der kosmischen Sinn-Wüste. Diese Sinn-Blasen wurden aber immer schon vereinigt durch die großen Mythen, Religionen und metaphysischen Systeme, die stets die gleichen Geschichten erzählen: Geschichten von der Wirklichkeit der Welt.

Zeitfracht Medien GmbH
Ferdinand-Jühlke-Straße 7
99095 Erfurt, Deutschland
produktsicherheit@kolibri360.de